Le Magistrat

Une farce en trois actes

Arthur Wing Pinero

Writat

Cette édition parue en 2023

ISBN : 9789359251585

Publié par
Writat
email : info@writat.com

Contenu

LE PREMIER ACTE ....- 1 -

LE DEUXIÈME ACTE ....- 41 -

LE TROISIÈME ACTE ....- 89 -

LE PREMIER ACTE

La scène représente un salon bien meublé dans la maison de M. POSKET à Bloomsbury.

BEATIE TOMLINSON, *une jolie petite fille d'environ seize ans vêtue simplement, joue du piano lorsque* CIS FARRINGDON, *un jeune viril vêtu d'une veste Eton, entre dans la pièce.*

CIS.

Béatrice !

BÉATIE.

Cis chérie ! Le dîner n'est pas fini, n'est-ce pas ?

CIS.

Pas assez. J'ai eu un de mes maux de tête commodes et je suis parti. [*Il sort une pomme et quelques noix de sa poche et les donne à* BEATIE.] Ceux-ci sont pour toi, chérie, avec mon amour. Je les ai glissés du buffet en sortant.

BÉATIE.

Oh, je ne dois pas les prendre !

CIS.

Oui, vous pouvez, c'est ma part du dessert. En plus, c'est vraiment dommage que tu ne manges pas avec nous.

BÉATIE.

Quoi, une pauvre petite maîtresse de musique !

CIS.

Oui. Ils ne vous donneront que quatre guinées par pièce. Imaginez-vous avoir une fille comme vous pour quatre guinées le quart – eh bien, un huitième de vous vaut plus que cela ! Maintenant, accrochez votre pomme.

[*Produit une cigarette.*

BÉATIE.

Il y a de la compagnie au dîner, n'est-ce pas ?

[*En grignotant sa pomme.*

CIS.

Enfin, à peine. Tante Charlotte n'est pas encore arrivée, donc il n'y a que le vieux Bullamy .

BÉATIE.

Bullamy n'est-il pas quelqu'un ?

CIS.

Le vieux Bullamy ... eh bien, il n'est que comme le gouverneur , un magistrat de police au tribunal de police de Mulberry Street.

BÉATIE.

Oh, est-ce que chaque tribunal de police a deux magistrats ?

CIS.

[*Fièrement.*] Tous les meilleurs en ont deux.

BÉATIE.

Ne se disputent-ils pas pour obtenir les cas intéressants ? Je devrais.

CIS.

Je ne sais pas comment ils font — peut-être qu'ils se demandent qui va entendre les grandes sensations. Il y a une Mme Beldam, qui est parfois plutôt ennuyeuse ; Je sais que le Guv laisse toujours le vieux Bullamy s'occuper d'elle. Mais, en règle générale, j'ai l'impression qu'ils y vont moitié-moitié, d'une manière amicale. [*Allumer une cigarette.*] Par exemple, si le gouverneur veut aller au Derby, il laisse le vieux Bullamy avoir les Oaks — et ainsi de suite, vous voyez ?

> [*Il s'assoit par terre, confortablement appuyé contre* BEATIE, *et tire une bouffée de sa cigarette.*

BÉATIE.

Oh, dis-je, Cis, ta maman ne sera-t-elle pas en colère quand elle découvrira que je ne suis pas rentré à la maison ?

CIS.

Oh, mets-le à ton élève. Disons que je suis très arriéré.

- 2 -

BÉATIE.

Je pense que vous êtes extrêmement avant-gardiste, à certains égards. [*Mordre la pomme et parler la bouche pleine.*] J'aimerais pouvoir vous amener à concentrer votre attention sur vos cours de musique. Mais je ne te mettrais pas dans le pétrin !

CIS.

Aucune crainte de cela. Maman est trop fière de moi.

BÉATIE.

Mais il y a ton beau-père.

CIS.

Le cher vieux patron ! Eh bien, il est trop bon enfant pour dire « Bo ! à une oie. Tu sais, Beatie, j'étais dans une école à Brighton quand maman s'est mariée – quand elle s'est mariée une deuxième fois, je veux dire – et le gouverneur et moi n'avons fait connaissance qu'après la lune de miel.

BÉATIE.

Oh, imaginez que votre beau-père accepte aveuglément une telle responsabilité.

[*Lui donne une noix à casser pour elle.*

CIS.

patron n'était-il pas doux ! J'aurais pu être un jeune homme très indifférent, d'après ce qu'il savait.

[*Après avoir cassé la noix avec ses dents, il la
lui rend.*

BÉATIE.

Merci très cher.

CIS.

Eh bien, quand j'ai appris que le nouveau père était magistrat de police, j'ai *eu* peur. Je me suis dit : « Si mes P et Q ne me dérangent pas, le gouverneur , par habitude, me donnera une amende pour tout mon argent de poche. Mais c'est tout le contraire : c'est le plus doux, le plus humble... [*La porte s'ouvre brusquement.*] Attention! Quelqu'un arrive !

[*Ils sautent tous les deux,* BEATIE *éparpille
les noix qui sont sur ses genoux*

partout sur le sol. CIS jette sa cigarette
dans la cheminée et s'assoit au piano,
jouant un exercice simple, très mal.
BEATIE se tient derrière lui et compte.

BÉATIE.

Un… et deux… et un… et deux.

WYKE, le majordome, apparaît à la porte et la ferme mystérieusement
après lui.

WYKE.

Ssss ! Maître Cis ! Maître Cis !

CIS.

Bonjour, qu'est-ce qu'il y a, Wyke ?

WYKE.

[*Sortant une carafe de sous son manteau.*] Le porto que vous avez demandé, monsieur. Je ne pouvais pas m'en débarrasser avant – les vieux messieurs aiment tellement le porto.

CIS.

Vous avez un verre ?

WYKE.

Oui Monsieur. [*Sortant un verre de vin de sa poche et versant du vin.*] Ce qu'on ne manque pas n'est pas pleuré, hein, Maître Cis ?

CIS.

[*Offrir du vin.*] Te voici, Beatie chérie.

BÉATIE.

L'idée d'une telle chose ! Je ne pouvais pas !

CIS.

Pourquoi pas?

BÉATIE.

Si je me contentais de le siroter , je ne pourrais pas vous donner correctement votre cours de musique. Bois-le toi-même, cher garçon attentionné.

CIS.

Je ne le ferai pas, c'est pour toi.

BÉATIE.

Je ne peux pas le boire !

CIS.

Vous devez.

BÉATIE.

Je ne le ferai pas !

CIS.

Vous êtes désagréable !

BÉATIE.

Pas aussi désagréable que vous.

[*Ils se disputent.*

WYKE.

[*Pour lui-même, les regardant.*] Quel jeune gentleman c'est ! et seulement quatorze ! Quatorze ans, il se comporte comme quarante ans ! [CIS *s'étouffe en buvant le vin ;* BEATIE *lui tapote le dos.*] Eh bien, même Cook a tout réduit en cendres depuis qu'il est dans la maison, et quant à Popham... ! [*Voyant quelqu'un approcher.*] Attention, Maître Cis !

[CIS revient au piano, BEATIE comptant
comme avant. WYKE fait semblant de
ranger les rideaux des fenêtres, cachant
la carafe derrière lui.

BÉATIE.

Un et deux — et un et deux — et un, etc.

Entrez POPHAM, *une servante à l'air intelligent.*

POPHAM.

Wyke, où est le port ?

WYKE.

[*Vacant.*] Port?

POPHAM.

Porto. Madame est furieuse.

WYKE.

Port?

POPHAM.

[*Montrant la carafe.*] Pourquoi! Là! Vous l'emportez avec vous !

WYKE.

Eh bien, c'est ce que je suis ! Je l'emporte avec moi ! Cela montre à quel point je garde un œil attentif sur les vins du gouverneur . Je l'emporte avec moi ! Madame va être amusée.

[*Sort.*

POPHAM.

[*Regardant* CIS *et* BEATIE.] IL Y A encore ce garçon avec *elle !* Friponne! Ses deux heures étaient écoulées depuis longtemps. Pourquoi ne rentre-t-elle pas chez elle ? Maître Cis, j'ai un message pour vous.

CIS.

[*Se levant du piano.*] Pour moi, Popham ?

POPHAM.

Oui Monsieur. [*Doucement à lui.*] Le message vient d'une jeune femme qui, jusqu'à mercredi dernier, était tout à fait pour vous. Elle s'appelle Emma Popham.

CIS.

[*J'essaie de m'enfuir.*] Oh, vas-y, Popham !

POPHAM.

[*Tenant sa manche.*] Ah, ce n'était pas « Vas-y, Popham » jusqu'à ce que cette musicienne entre dans la maison. Je vais continuer, mais… jetez un œil là-dessus avant de dormir ce soir. [*Elle sort de son mouchoir de poche un morceau de papier imprimé qu'elle lui tend entre le pouce et l'index.*] Partie d'une histoire dans « Bow Bells », intitulée « Jilted ; ou, Le sang pourrait-il expier ? Enveloppez-le dans votre mouchoir, il entoure le beurre.

[*Elle sort ;* CIS *jette le papier dans la grille.*

CIS.

Dérangez la fille ! Beatie, elle est jalouse de toi !

BÉATIE.

Une femme de chambre jalouse de *moi* — et avec un petit enfant de quatorze ans !

CIS.

Je n'ai peut-être que quatorze ans, mais je me sens comme un adulte ! Tu n'as que seize ans, il n'y a pas beaucoup de différence, et si tu m'attends, je te rattraperai bientôt et je serai autant un homme que tu es une femme. Veux-tu m'attendre, Beatie ?

BÉATIE.

Je ne peux pas, je vieillis à chaque minute !

CIS.

Oh, j'aimerais pouvoir emprunter cinq ou six ans à quelqu'un !

BÉATIE.

Beaucoup de personnes seraient heureuses de les prêter. [*Avec amour.*] Et oh, j'aimerais que tu le puisses !

CIS.

[*L'entourant de ses bras.*] Tu fais! Pourquoi?

BÉATIE.

Parce que je—parce que—

CIS.

[*À l'écoute.*] Attention! Voilà le sujet !

[*Ils courent vers le piano, il se remet à jouer, et*
elle compte comme avant.

BÉATIE.

Un et deux — et un — et deux, etc.

Entre AGATHA POSKET, *une belle femme voyante, âgée d'environ*
trente-six ans, paraissant peut-être plus jeune.

AGATHE POSKET.

Pourquoi, enfant Cis, encore à ta musique ?

CIS.

Oui, maman, toujours là-dessus. Vous allez gâcher mon goût en forçant si vous n'y faites pas attention.

AGATHE POSKET.

Nous n'avons pas le droit de retenir Miss Tomlinson si tard.

BÉATIE.

Oh, merci, ce n'est pas grave. Je—je—crains que nous ne fassions pas de—très—grands—progrès.

CIS.

[*Faisant un clin d'œil à* BEATIE.] Eh bien, si je rejoue à ça, tu m'embrasseras ?

BÉATIE.

[*Avec modestie.*] Je ne sais pas, j'en suis sûr. [*À* AGATHA POSKET.] Puis-je le promettre, madame ?

> [*S'assoit dans l'embrasure de la fenêtre.* CIS,
> *la rejoignant, lui passe un bras autour*
> *de la taille.*

AGATHE POSKET.

Non, certainement pas. [*Pour elle-même, les regardant.*] Si seulement je pouvais persuader Énée de renvoyer sa *protégée* et d'engager un maître de musique, cela soulagerait un peu ma conscience. Si cette fille savait la vérité, comme elle serait indignée ! Et puis il y a l'injustice envers le garçon lui-même et envers les amis de mon mari qui caressent toujours ce qu'ils appellent « un beau petit homme de quatorze ans ! Quatorze! Oh, quel idiot j'ai été de cacher l'âge réel de mon enfant ! [*Regardant l'horloge.*] Charlotte est en retard ; J'aimerais qu'elle vienne. Ce sera un soulagement de l'inquiéter avec mes problèmes.

M. POSKET.

[*Parler dehors.*] On fume partout dans la maison, Bullamy , partout dans la maison.

AGATHE POSKET.

Je parlerai en tout cas à Énée de cette petite fille.

M. POSKET.

Fume n'importe où, Bullamy, fume n'importe où.

M. BULLAMY .

Pas avec ma bronchite, merci.

M. POSKET.

[*Rayonnant vers* AGATHA POSKET.] Ah, ma chérie !

M. BULLAMY .

[*Sortant une petite boîte de la poche de son gilet.*] Tout ce que je prends après le dîner, c'est un jujube, parfois deux. [*Offrant la boîte.*] Puis-je tenter Mme Posket ?

AGATHE POSKET.

Non, merci. [*Marchant sur une des noix éparpillées dans la pièce.*] Comme c'est provocant : qui amène des cinglés dans le salon ?

M. POSKET.

Miss Tomlinson est toujours là ? [*À* BÉATIE.] Ne pars pas, ne pars pas. Heureux de voir que Cis aime autant sa musique. Ta sœur Charlotte est en retard, ma chérie.

AGATHE POSKET.

Son train est en retard, je suppose.

M. POSKET.

Vous devez rester et voir ma belle-sœur, Bullamy .

M. BULLAMY .

Du plaisir, du plaisir !

M. POSKET.

Je ne l'ai encore jamais rencontrée , nous partagerons nos premières impressions. En attendant, Miss Tomlinson nous fera-t-elle plaisir avec un peu de musique ?

M. BULLAMY .

[*S'affairant au piano.*] Si cette demoiselle veut chanter , elle aimera peut-être un de mes jujubes.

> [BEATIE *est assise au piano avec* CIS *et* M. BULLAMY *à ses côtés.* M. POSKET *marche sur une noix alors qu'il se dirige vers sa femme.*

M. POSKET.

Mon Dieu, comment se fait-il que des cinglés entrent dans le salon ? [*À* AGATHE.] À quoi pense si profondément mon chéri ? [*Marche sur une autre noix.*] Un autre! Mon animal, il y a des noix sur le tapis du salon !

AGATHE POSKET.

Oui, je veux te parler, Énée .

M. POSKET.

A propos des noix ?

AGATHE POSKET.

Non, à propos de Miss Tomlinson, votre petite *protégée*.

M. POSKET.

Ah, une jolie petite chose.

AGATHE POSKET.

Très. Mais pas assez vieux pour exercer une influence décisive sur l'avenir musical du garçon. Pourquoi ne pas engager un maître ?

M. POSKET.

Quoi, pour un simple enfant ?

AGATHE POSKET.

Un simple enfant – oh !

M. POSKET.

Un garçon de quatorze ans !

AGATHE POSKET.

[*À elle-même.*] Quatorze!

M. POSKET.

Un garçon de quatorze ans, pas encore sorti des exercices de Czerny.

AGATHE POSKET.

[*À elle-même.*] Si nous étions seuls maintenant, j'aurais peut-être désespéré de tout lui dire !

M. POSKET.

D'ailleurs, ma chérie, tu sais l'intérêt que je porte à Miss Tomlinson ; elle est l'un des petits points les plus brillants de mon cheval de bataille. Comme tous nos domestiques, comme tous ceux qui sont à mon service, elle a été portée à ma connaissance par le malheureux intermédiaire du tribunal de police que je suis destiné à présider. Notre serviteur, Wyke, un homme au caractère magnifique, est le fils d'une personne que j'ai traduite en justice pour avoir épousé trois femmes. À ce jour, Wyke ignore de laquelle de ces trois femmes il est le fils ! Cook était autrefois une dipsomane notoire et ne s'est toujours pas entièrement libérée des premières influences. Popham est l'accusation non réclamée d'un bébé-éleveur condamné. Même notre laitier s'est présenté devant moi comme un homme qui avait refusé de soumettre des échantillons à l'inspecteur analyste. Et cette pauvre enfant, qu'est-ce qu'elle est ?

AGATHE POSKET.

Oui je sais.

M. POSKET.

La fille d'un général retraité, qui a récupéré quatre parapluies en soie dans les magasins de l'armée et de la marine, et par un beau jour aussi !

[BEATIE *arrête de jouer.*

M. BULLAMY.

Très bien très bien!

M. POSKET.

Merci merci!

M. BULLAMY.

[*À* M. POSKET, *toussant, riant et mettant un jujube dans sa bouche.*] Mon cher Posket, je dois vraiment vous féliciter pour votre garçon, votre beau-fils. Un garçon des plus merveilleux. Tellement avancé aussi.

M. POSKET.

Oui, n'est-ce pas ? Euh !

M. BULLAMY .

[*Confidentiellement.*] Pendant que le piano jouait à l'instant, il m'a raconté l'une des histoires les plus humoristiques que j'aie jamais entendues. [*Riant de bon cœur et haletant, puis prenant un autre jujube.*] Ha, ha, bénis-moi, je ne sais pas quand j'ai pris autant de jujubes !

M. POSKET.

Mon cher Bullamy , tout mon mariage est la plus grande réussite possible. Un peu romantique aussi. [*Désignant* AGATHA POSKET.] Belle femme!

M. BULLAMY .

Très très. Je n'ai jamais engagé une créature plus stylée et plus élégante.

M. POSKET.

Merci, Bullamy , nous nous sommes rencontrés à l'étranger, à Spa, pendant mes vacances.

WYKE *entre avec un plateau à thé qu'il remet.*

M. BULLAMY .

J'y retournerai l'année prochaine.

M. POSKET.

Elle a perdu son premier mari il y a environ douze mois en Inde. C'était un entrepreneur de l'armée.

BÉATIE.

[*A* CIS *au piano.*] Je dois y aller maintenant, il n'y a aucune excuse pour rester plus longtemps.

CIS.

[*A elle inconsolable.*] Que diable dois-*je* faire ?

M. POSKET.

[*Verser du lait.*] Cher moi, ce lait semble très pauvre. Quand il mourut, elle vint en Angleterre, plaça son garçon dans une école à Brighton, puis se déplaça tranquillement d'un endroit à l'autre, buvant...

[*Il boit du thé.*

M. BULLAMY .

En buvant?

M. POSKET.

Les eaux... elle est un peu dyspeptique. [WYKE *sort.*] Nous nous sommes rencontrés aux *Tours des Fontaines* — par hasard j'ai marché sur sa robe ———

BÉATIE.

Bonne nuit, Cis chérie.

CIS.

Oh!

M. POSKET.

[*Suite à* M. BULLAMY .] Je me suis excusé . Nous avons parlé de la météo, bu dans le même verre, découvert que nous souffrions tous les deux du même mal, et le résultat est un bonheur complet.

[*Il se penche galamment vers* AGATHA
POSKET .

AGATHE POSKET.

Énée !

[*Il l'embrasse, puis* CIS *embrasse* BEATIE *à
voix haute ;* M. POSKET *et* M.
BULLAMY *écoutent tous deux,
perplexes.*

M. POSKET.

Écho?

M. BULLAMY .

Supposons que oui !

[*Il embrasse expérimentalement le dos de sa main ;* BEATIE *embrasse* CIS.

M. BULLAMY.

Oui.

M. POSKET.

Curieux. [*À* M. BULLAMY .] Une histoire romantique, n'est-ce pas ?

BÉATIE.

Bonne nuit, Mme Posket ! Je serai ici tôt demain matin.

AGATHE POSKET.

J'ai peur que vous négligez vos autres élèves.

BÉATIE.

Oh, ils ne sont pas aussi intéressants que Cis —[*se corrigeant*] Maître Farringdon. Bonne nuit.

AGATHE POSKET.

Bonne nuit chérie.

[BEATIE *sort tranquillement ;* AGATHA POSKET *rejoint* CIS.

M. POSKET.

[*À* M. BULLAMY .] Nous nous sommes mariés à l'étranger sans consulter d'amis ou de relations de part et d'autre. C'est ainsi que je n'ai jamais vu ma belle-sœur, Miss Verrinder, qui vient du Shropshire pour rester avec nous ; elle devrait…

WYKE *entre.*

WYKE.

Miss Verrinder est venue, madame.

M. POSKET.

Elle est là.

AGATHE POSKET.

Charlotte?

CHARLOTTE, *une belle et jolie fille, entre, suivie de* POPHAM *avec un bagage à main.*

AGATHE POSKET.

[*L'embrassant.*] Mon cher Charley.

[WYKE *sort.*

CHARLOTTE.

Aggy chérie, je ne suis pas en retard ! Il y a du brouillard sur la ligne, on pourrait le couper avec un couteau. [*Voir* CIS.] C'est ton garçon ?

AGATHE POSKET.

Oui.

CHARLOTTE.

Bonne grace! Que fait-il avec une veste Eton à son âge ?

AGATHE POSKET.

[*Doucement à* CHARLOTTE.] Faire taire! ne dites pas encore un mot sur l'âge de mon garçon.

CHARLOTTE.

Oh!

AGATHE POSKET.

[*Sur le point de présenter* M. POSKET.] Voilà mon mari.

CHARLOTTE.

[*Je prends* M. BULLAMY *pour lui.*] Oh! comment pourrait-elle! [*À* M. BULLAMY , *lui tournant la joue.*] Je te félicite, je suppose que tu devrais m'embrasser.

AGATHE POSKET.

Non non!

M. POSKET.

Bienvenue chez moi, Miss Verrinder.

CHARLOTTE.

Oh, je vous demande pardon. Comment vas-tu?

M. BULLAMY .

[*À lui-même.*] Mme Posket est une femme intrusive.

M. POSKET.

[*Montrant* M. BULLAMY .] M. Bullamy .

[M. BULLAMY , *lésé, s'incline avec raideur.*

AGATHE POSKET.

[*À* CHARLOTTE.] Montez, ma chère; Veux-tu prendre du thé ?

CHARLOTTE.

Non merci, mon animal, mais j'aimerais un verre d'eau gazeuse.

AGATHE POSKET.

Eau gazifiée!

CHARLOTTE.

Eh bien, chérie, tu peux mettre ce que tu veux en bas.

[AGATHA POSKET *et* CHARLOTTE
sortent, POPHAM *les suit.*

POPHAM.

[*À* CIS.] Rendez-moi mes « Bow Bells », quand vous l'aurez lu, espèce de lutin.

[*Sort.*

CIS.

Par Jupiter, Guv , tante Charlotte n'est-elle pas étonnante ?

M. POSKET.

Ça a l'air d'être une femme charmante.

M. BULLAMY .

Posket s'est trompé ! Cela vient du fait de se marier sans avoir vu au préalable les parents de la dame.

CIS.

Venez, Guv , faisons un pari, M. Bullamy nous rejoindra.

[*Ouvre la table à cartes, dispose les chaises et
les bougies.*

M. BULLAMY .

Un pari ?

M. POSKET.

Oui, le garçon m'a appris un nouveau jeu appelé « Feux d'artifice » ; sa mère ne sait pas que nous jouons pour de l'argent, bien sûr, mais nous le savons.

M. BULLAMY.

Hahaha! Qui gagne?

M. POSKET.

Il le fait maintenant, mais il dit que je gagnerai quand je connaîtrai mieux le jeu.

M. BULLAMY.

Quel garçon il est !

M. POSKET.

N'est-il pas un garçon merveilleux ? Et seulement quatorze aussi. Je vais te dire autre chose. Peut-être ferais-tu mieux de ne pas en parler à sa mère.

M. BULLAMY.

Non, non, certainement pas.

M. POSKET.

Il a investi un peu d'argent pour moi.

M. BULLAMY.

Dans quoi ?

M. POSKET.

Pas *sur* Sillikin pour le *Lincolnshire* Handicap . Sillikin gagne et Butterscotch un, deux, trois.

M. BULLAMY.

Bon dieu!

M. POSKET.

Oui, le cher garçon a dit : « Maître , ce n'est pas juste que vous me donniez tous les pourboires, je vais vous en donner » — et il l'a fait — il m'a donné du Sillikin et du Caramel au beurre. Il s'en chargera pour vous, si vous le souhaitez. «Planchez-le», dit-il.

M. BULLAMY .

[*Riant et s'étouffant.*] Ha! Ha! Ho! ho! [*Prendre un jujube.*] Ce garçon va me ruiner en jujubes.

CIS.

Tout est prêt ! Regardez bien ! Guv , prête-moi un sov pour commencer ?

M. POSKET.

Un sov pour commencer ? [*Ils s'assoient à table.* AGATHA POSKET *et* CHARLOTTE *entrent dans la pièce.*] Nous ne pensions pas que tu reviendrais si tôt, ma chérie.

AGATHE POSKET.

Continuez à vous amuser, j'insiste, mais n'apprenez pas à mon Cis à jouer aux cartes.

M. BULLAMY .

Ho! ho!

M. POSKET.

[*À* M. BULLAMY .] Faire taire! Faire taire!

AGATHE POSKET.

[*À* CHARLOTTE.] J'en suis heureux : nous pouvons nous raconter nos misères en toute tranquillité. Allez-vous commencer ?

CHARLOTTE.

Eh bien, je suis enfin fiancée au capitaine Horace Vale.

AGATHE POSKET.

Oh! Charley, je suis tellement contente !

CHARLOTTE.

Oui, il l'est aussi, dit-il. Il m'a proposé au Hunt Ball – dans le passage – mardi semaine.

AGATHE POSKET.

Qu'a t'il dit?

CHARLOTTE.

Il a dit : « Par Jupiter, je t'aime terriblement. »

AGATHE POSKET.

Eh bien, et qu'est-ce que tu as dit ?

CHARLOTTE.

Oh, j'ai dit : "Eh bien, si tu veux être aussi éloquent que tout ça, par
Jupiter, je ne peux pas me démarquer." Alors on l'a réglé, dans le passage. Il
interdit de flirter jusqu'à notre mariage. C'est mon malheur. Quel est le tien,
Aggy ?

AGATHE POSKET.

Quelque chose d'horrible !

CHARLOTTE.

Courage, Aggy! Qu'est-ce que c'est?

AGATHE POSKET.

Eh bien, Charley, tu sais que j'ai perdu mon pauvre premier mari à un
âge très délicat.

CHARLOTTE.

Eh bien, tu avais trente-cinq ans, ma chérie.

AGATHE POSKET.

Oui, c'est ce que je veux dire. Trente-cinq ans est un âge très délicat pour
se retrouver célibataire. Vous n'êtes ni une chose ni l'autre. Vous n'avez pas
exactement deux ans et vous n'avez pas envie de tirer un fiacre. Cependant,
je rencontrai bientôt M. Posket à Spa – Dieu le bénisse !

CHARLOTTE.

Et vous vous êtes nominé pour les Matrimonial Stakes. La Veuve de M.
Farringdon, par deuil, hors deuil, dix livres de plus.

AGATHE POSKET.

Oui, Charley, et en moins d'un mois, j'ai réussi le cours triomphalement.
Mais, cher Charley, je n'avais pas un poids raisonnable pour mon âge, et c'est
là mon problème.

CHARLOTTE.

Oh cher!

AGATHE POSKET.

Sous-estimant l'amour d'Énée , dans un moment de vanité, je l'espère, non injustifiable, j'ai retiré cinq ans de mon total, ce qui m'a fait trente et un ans le matin de mon mariage.

CHARLOTTE.

Eh bien, ma chère, bien des femmes égarées ont fait cela avant toi.

AGATHE POSKET.

Oui, Charley, mais tu ne vois pas les conséquences ? Il a tout jeté. Comme j'ai maintenant trente et un ans, au lieu de trente-six ans comme je devrais l'être, il va de soi que je n'aurais pas pu être marié il y a vingt ans, ce qui était le cas. J'ai donc dû mentir en proportion.

CHARLOTTE.

Je vois que votre premier mariage a eu lieu il y a seulement quinze ans.

AGATHE POSKET.

Exactement.

CHARLOTTE.

Alors, chérie, pourquoi t'inquiéter davantage ?

AGATHE POSKET.

Pourquoi, chérie, tu ne vois pas ? Si je n'ai que trente et un ans maintenant, mon garçon n'aurait pas pu être né il y a dix-neuf ans, et s'il le pouvait, il n'aurait pas dû l'être, car, d'après mes propres dires, je n'ai été marié que quatre ans plus tard. . Maintenant vous voyez le résultat !

CHARLOTTE.

C'est-à-dire que ce jeune homme bien costaud là-bas n'a que quatorze ans.

AGATHE POSKET.

Précisément. N'est-ce pas gênant ! et sa moustache devient de plus en plus évidente chaque jour.

CHARLOTTE.

Que croit le garçon lui-même ?

AGATHE POSKET.

Il croit en sa mère, bien sûr, comme un garçon devrait le faire. En femme prudente, je l'ai toujours fait ignorer son âge, en cas de nécessité. Mais c'est terriblement dur pour le pauvre enfant, parce que ses objectifs, ses instincts et ses ambitions sont terriblement en avance sur son état. Sa nourriture, ses livres, ses divertissements ne conviennent pas à son palais, à son cerveau et à son caractère ; et avec toutes ces souffrances, sa malheureuse mère a le sentiment de remords d'avoir abrégé la vie de sa progéniture.

CHARLOTTE.

Oh, viens, tu n'as pas encore fait ça.

AGATHE POSKET.

Oui, je l'ai fait, car s'il vit jusqu'à cent ans, il doit être enterré à quatre-vingt-quinze ans.

CHARLOTTE.

C'est vrai.

AGATHE POSKET.

Ensuite, il y a un autre aspect. Il est un grand favori de tous nos amis, en particulier les amies. Même sa petite maîtresse de musique et les servantes le serrent dans leurs bras et l'embrassent parce que c'est un garçon tellement attachant et je ne peux pas l'arrêter. Mais c'est très affreux de voir ces femmes innocentes caresser un jeune homme de dix-neuf ans.

CHARLOTTE.

Les femmes ne le savent pas.

AGATHE POSKET.

Mais ils aimeraient le savoir. Je veux dire, ils devraient le savoir ! L'autre jour, j'ai trouvé mon pauvre garçon assis sur les genoux de Lady Jenkins et en présence de Sir George. Je n'ai pas le droit de compromettre Lady Jenkins de cette façon. Et maintenant, Charley, tu vois le tourbillon dans lequel je me débats – si tu peux me lancer une corde, je t'en prie.

CHARLOTTE.

Quel genre d'homme est M. Posket, Aggy ?

AGATHE POSKET.

La meilleure créature du monde. C'est un philanthrope pratique.

CHARLOTTE.

Euh, c'est aussi un magistrat de police, n'est-ce pas ?

AGATHE POSKET.

Oui, mais il paie de sa poche la moitié des amendes qu'il inflige. C'est pourquoi il a reçu une réprimande du ministère de l'Intérieur pour avoir infligé des sanctions aussi légères. Tous nos domestiques sont diplômés de Mulberry Street. La plupart des tableaux dans la salle à manger sont de véritables gendarmes.

CHARLOTTE.

Suivez mon conseil : racontez-lui toute l'histoire.

AGATHE POSKET.

Je n'ose pas!

CHARLOTTE.

Pourquoi?

AGATHE POSKET.

Je devrais devoir rester au second plan pour le reste de ma vie conjugale.

[*La fête à la table de cartes se termine.*

M. BULLAMY .

[*D'un air maussade.*] Non, merci, pas encore une minute. [*À* M. POSKET.] A quoi bon parler de vengeance, mon cher Posket, quand je n'ai plus un sou pour jouer ?

M. POSKET.

Je suis dans le même cas ! Cis va nous prêter de l'argent, n'est-ce pas, Cis ?

CIS.

Plutôt!

M. BULLAMY .

Non, merci, ce garçon est un de trop pour moi. Je n'ai jamais rencontré un tel enfant. Bonne nuit, Mme Posket. [*Marche sur une noix.*] Confondez les cinglés !

AGATHE POSKET.

Vous partez si tôt ?

CIS.

[*À* M. POSKET.] Je déteste les mauvais perdants, n'est-ce pas, Guv ?

AGATHE POSKET.

Montrez à M. Bullamy les escaliers, Cis.

M. BULLAMY.

Bonne nuit, Posket. Oh! Je n'ai plus un shilling pour mon cocher.

CIS.

Je paierai le taxi.

M. BULLAMY.

Non, merci! Je marcherai. [*Ouverture de la boîte de jujube.*] Bah ! Il ne reste même plus un jujube et par une nuit brumeuse aussi ! Pouah!

[*Sort.*

Entre WYKE *avec quatre lettres sur le plateau.*

CIS.

[*À* WYKE.] Quelqu'un pour moi ?

WYKE.

Un, monsieur.

CIS.

[*À lui-même.*] D'Achille Blond; heureusement que le maître ne l'a pas vu.

[*Sort.*

[WYKE *remet des lettres à* AGATHA POSKET, *qui en prend deux, puis à* M. POSKET, *qui en prend une.*

AGATHE POSKET.

C'est pour toi, Charley, déjà.

[WYKE *sort.*

CHARLOTTE.

Épargnez mes rougeurs, ma chère, cela vient d'Horace, capitaine Vale. Ce cher malheureux savait que je venais vers toi. Heigho ! Veux-tu m'excuser ?

M. POSKET.

Certainement.

AGATHE POSKET.

Excusez-moi, s'il vous plaît?

CHARLOTTE.

Certainement, ma chère.

M. POSKET.

Certainement, ma chérie. Excusez-moi, n'est-ce pas ?

CHARLOTTE.

Oh, certainement.

AGATHE POSKET.

Certes, Énée .

[Simultanément, ils ouvrent tous leurs lettres,
se penchent en arrière et lisent.

AGATHE POSKET.

[Lecture.] Lady Jenkins ne se sent pas très bien.

CHARLOTTE.

Si le capitaine Horace Vale se tenait devant moi à ce moment, je le giflerais !

AGATHE POSKET.

Charlotte!

CHARLOTTE.

[Lecture.] « Chère Miss Verrinder, — Votre flirt désespéré avec le major Bristow lors de la réunion de mardi dernier, trois jours après nos fiançailles, vient d'être porté à ma connaissance. Vos lettres et cadeaux, y compris l'épingle à cheveux à tête d'or qui m'a été offerte au Hunt Ball, vous seront rendus demain. Par Jupiter, tout est fini ! Horace Vale. Oh cher!

AGATHE POSKET.

Oh, Charley, je suis vraiment désolé ! Cependant, vous pouvez le nier.

CHARLOTTE.

[*Pleurant.*] C'est le pire, je ne peux pas.

M. POSKET.

[*À* AGATHA POSKET.] Ma chérie, tu seras ravie. Une note du colonel Lukyn .

AGATHE POSKET.

Loukyne — Loukyne ? Il me semble que je connais le nom.

M. POSKET.

Un de mes anciens camarades de classe qui est allé en Inde il y a de nombreuses années. Il vient de rentrer à la maison. Je l'ai rencontré au club hier soir et lui ai demandé de me fixer un soir pour dîner avec nous. Il accepte pour demain.

AGATHE POSKET.

Loukyn , Loukyn ?

M. POSKET.

Écouter. [*Lecture.*] « Cela me fera particulièrement plaisir, car je crois que je suis un vieil ami de votre femme et de son premier mari. Vous pouvez me rappeler ses souvenirs en lui rappelant que je suis le capitaine Lukyn qui a parrainé son fils lors de son baptême à Baroda.

AGATHE POSKET.

[*En poussant un grand cri.*] Oh!

M. POSKET.

Mon cher!

AGATHE POSKET.

Je me suis tordu le pied.

M. POSKET.

Comment les noix *entrent* -elles dans le salon ?

CHARLOTTE.

[*Tranquillement à* AGATHA POSKET.] Aggy?

AGATHE POSKET.

[*À* CHARLOTTE.] Le parrain du garçon.

CHARLOTTE.

Quand l'enfant a-t-il été baptisé ?

AGATHE POSKET.

Un mois après sa naissance. Ils le sont toujours.

M. POSKET.

[*Relisant la lettre.*] C'est *très* agréable.

AGATHE POSKET.

[*À* M. POSKET.] Laissez-moi voir la lettre, je—je pourrai reconnaître l'écriture.

M. POSKET.

[*Lui tendant la lettre.*] Certainement, mon animal de compagnie. [*À lui-même.*] Souvenirs réveillés du Numéro Un. C'est le pire d'épouser une veuve ; quelqu'un prouve toujours ses convictions antérieures.

AGATHE POSKET.

[*À* CHARLOTTE.] "Non. 19a, rue Cork ! Charley, mets tes affaires et viens avec moi.

CHARLOTTE.

Agathe, tu es folle !

AGATHE POSKET.

Je vais fermer la bouche à cet homme avant qu'il vienne dans cette maison demain.

CHARLOTTE.

Attendez *qu'il* vienne.

AGATHE POSKET.

Oui, jusqu'à ce qu'il arrive ici avec son « Comment ça va, Posket ? Je n'ai pas vu votre femme depuis 66, par Dieu, monsieur ! Pas moi ! Énée !

M. POSKET.

Mon cher.

AGATHE POSKET.

Lady Jenkins, Adélaïde, est très malade ; elle ne peut pas poser le pied sur terre à cause de la névralgie.

[*Sortant la lettre de sa poche et la lui donnant.*

M. POSKET.

Bénissez-moi!

AGATHE POSKET.

Nous nous connaissons depuis six longues années.

M. POSKET.

Seulement six semaines, mon amour.

AGATHE POSKET.

Les semaines *sont* des années d'amitié étroite. Ma place est à ses côtés.

M. POSKET.

[*Lecture de la lettre.*] « Légèrement indisposé, pris un peu enrhumé à l'exposition canine. Où achetez-vous vos mouchoirs ? Il n'est pas question ici de névralgie ou de mettre le pied à terre, ma chérie.

AGATHE POSKET.

Non, mais ne sais-tu pas lire entre les lignes, Énée ? C'est la lettre d'une femme qui ne va pas bien du tout.

M. POSKET.

Très bien, ma chérie, si tu veux y aller , je t'accompagnerai.

AGATHE POSKET.

Certainement pas, Énée . Charlotte tient à être ma compagne ; nous pouvons nous tenir au chaud dans une cabine fermée.

M. POSKET.

Mais je ne peux pas en faire un troisième ?

AGATHE POSKET.

Ne sois pas si oublieux, Énée ; ne sais-tu pas que dans une cabine à quatre roues, moins il y a de genoux, mieux c'est ?

[AGATHA POSKET *et* CHARLOTTE
sortent.

CIS *arrive précipitamment.*

CIS.

Qu'est-ce qu'il y a, Guv ?

M. POSKET.

Votre mère et Miss Verrinder sortent.

CIS.

Perdus d'esprit ? C'est une nuit horrible.

M. POSKET.

Oui, mais Lady Jenkins est malade.

CIS.

Oh! Est-ce que maman est mentionnée dans le testament ?

M. POSKET.

Bon Dieu, quel garçon ! Non, Cis, ta mère va simplement s'asseoir au chevet de lady Jenkins, lui tenir la main et lui dire où on va, pour acheter des mouchoirs de poche.

CIS.

Par jupiter! Le maître ne peut rentrer à la maison qu'à midi et demi ou une heure.

M. POSKET.

Bien plus tard si l'état de Lady Jenkins est alarmant.

CIS.

Hourra! [*Il sort la montre de la poche* DE M. POSKET .] Juste dix heures et demie. Greenwich veut dire, hein, Guv ?

[*Il porte la montre à son oreille, tirant* M.
POSKET *vers lui par la chaîne.*

M. POSKET.

Quel garçon extraordinaire !

CIS.

[*Retour de la montre.*] Merci. Ils doivent faire un aller-retour d'ici à Campden Hill. Je dirai à Wyke de leur choisir le pire cheval du classement.

M. Posket.

Mon cher enfant !

Cis.

A trois quarts d'heure d'ici au moins. Deux fois trois quarts, une heure et demie. Une heure avec Lady Jenkins – quand les femmes se réunissent, vous savez, Guv , elles parlent – cela fait deux heures et demie. Bien. Maître , viendrez-vous avec moi ?

M. Posket.

Aller avec toi! Où?

Cis.

Hôtel des Princes, rue Meek. Un fiacre pointu le fait en dix minutes.

M. Posket.

Rue Meek, Hôtel des Princes ! Enfant, tu sais de quoi tu parles ?

Cis.

Plutôt. Écoutez ici, Guv , honneur brillant – pas de bavardage si je vous montre une lettre.

M. Posket.

Je ne promets rien.

Cis.

Vous ne le ferez pas ! Savez-vous, Guv , que vous faites une chose très imprudente pour mettre à mal la confiance d'un garçon comme moi ?

M. Posket.

Cis, mon garçon !

Cis.

Pouvez-vous calculer le bénéfice inestimable que représente pour un jeune homme d'avoir toujours quelqu'un à ses côtés, quelqu'un de plus âgé, de plus sage et de mieux loti que lui ?

M. Posket.

Bien sûr, Cis, bien sûr, je *veux* que tu fasses de moi un compagnon.

CIS.

Alors comment diable puis-je faire ça si vous ne m'accompagnez pas à Meek Street ?

M. POSKET.

Oui, mais tromper ta mère !

CIS.

Tromper la mère, ce serait lui dire un bachot – chose, j'espère, que nous sommes tous les deux bien au-dessus.

M. POSKET.

Bon garçon, bon garçon.

CIS.

Cacher que nous allons souper un peu à l'Hôtel des Princes, c'est faire une grande bonté à ma mère, car cela la dérangerait considérablement d'apprendre les circonstances. Vous vous êtes trompé, Guv , mais nous n'en dirons pas plus. Lis la lettre.

[*Donne la lettre* À M. POSKET .

M. POSKET.

[*Lisant d'une manière hébétée.*] « Hôtel des Princes, Meek Street, W. Cher Monsieur, — À moins que vous ne veniez régler vos arriérés, je ne peux vraiment plus vous garder votre chambre. Bien à vous, Achille Blond. Cecil Farringdon, Esq. Bonté divine! Vous avez une chambre à l'Hôtel das Princes !

CIS.

Une chambre! C'est à peine mieux qu'un poulailler.

M. POSKET.

Vous ne l'occupez pas ?

CIS.

Mais mes amis oui. Quand j'étais à Brighton, j'étais avec le meilleur set – j'espère que je le serai toujours. J'ai quitté Brighton, c'était un joli trou dans lequel j'étais. Vous voyez, Guv , je ne voulais pas que mes amis se libèrent de votre maison.

M. POSKET.

Oh, n'est-ce pas ?

CIS.

donc pris une chambre à l'Hôtel des Princes : quand je veux héberger un homme, il y va. Vous voyez, Guv , c'est à *vous* que je pense plus qu'à moi-même.

M. POSKET.

Mais tu n'es qu'un enfant.

CIS.

Un homme est aussi vieux qu'il se sent. Je ne ressens pas la fin d'un homme. Chut, ils descendent ! Je pars parler à Wyke du quatre-roues branlant.

M. POSKET.

Cis, Cis! Ta mère découvrira que je suis sorti.

CIS.

Oh, j'oubliais, tu es marié, n'est-ce pas ?

M. POSKET.

Marié!

CIS.

Dis que tu vas au club.

M. POSKET.

Mais ce n'est pas la vérité, monsieur !

CIS.

Oui, c'est le cas . Nous passerons au club en chemin, et vous pourrez me donner un bitter .

[*Sort.*

M. POSKET.

Bon Dieu, quel garçon ! Hôtel des Princes, rue Meek ! Que dois-je faire ? Le dire à sa mère ? Eh bien, cela rendrait ses cheveux gris. Si seulement je pouvais avoir une petite parole avec ce M. Achille Blond, je pourrais tout arrêter. C'est mon meilleur parti, ne pas perdre un instant à sauver l'enfant de son indiscrétion enfantine. Oui, je dois aller avec Cis à Meek Street.

Entrez AGATHA POSKET *et* CHARLOTTE, *élégamment habillées.*

AGATHE POSKET.

As-tu envoyé chercher un fiacre, Énée ?

M. POSKET.

Cis s'en occupe.

AGATHE POSKET.

Pauvre Cis ! Jusqu'à quelle heure nous le gardons éveillé.

CIS *entre.*

CIS.

Wyke est allé chercher un taxi, ma chérie.

AGATHE POSKET.

Merci, Cis chérie.

CIS.

Si vous voulez bien m'excuser, je vais dans ma chambre. J'ai un autre gros mal de tête qui arrive.

AGATHE POSKET.

[*L'embrassant.*] Cours, mon garçon.

CIS.

Bonne nuit, maman. Bonne nuit, tante Charlotte.

CHARLOTTE.

Bonne nuit, Cis.

AGATHE POSKET.

[*À elle-même.*] J'aimerais que le taxi vienne.

[AGATHA POSKET *et* CHARLOTTE
regardent par la fenêtre.

CIS.

[*A la porte.*] Hum ! Bonne nuit, Guv .

M. POSKET.

Vous avez raconté une histoire – deux, monsieur ! Tu as dit que tu montais dans ta chambre.

Cis.

Alors je dois m'habiller.

M. POSKET.

Vous avez dit que vous aviez un violent mal de tête.

Cis.

C'est ce que j'ai fait, Guv . J'ai toujours un gros mal de tête à l'Hôtel des Princes.

[*Sort.*

M. POSKET.

Oh, quel garçon !

AGATHE POSKET.

[*À elle-même.*] Quand ce taxi arrivera-t-il ?

M. POSKET.

Hum ! Mon animal de compagnie, l'idée m'est venue que, puisque tu sors, ce ne serait pas une mauvaise idée pour moi d'entrer dans mon club.

AGATHE POSKET.

Le club! Tu étais là hier soir.

M. POSKET.

Je sais, ma chérie. De nombreux hommes visitent leurs clubs tous les soirs.

AGATHE POSKET.

Un bel exemple pour Cis, vraiment ! Je désire particulièrement que tu restes à la maison cette nuit, Énée .

M. POSKET.

[*À lui-même.*] Oh, mon Dieu !

CHARLOTTE.

[*À* AGATHA POSKET.] Pourquoi ne pas le laisser aller au club, Agatha ?

AGATHE POSKET.

Il pourrait y rencontrer le colonel Lukyn .

CHARLOTTE.

Si le colonel Lukyn est là , nous ne le trouverons pas dans Cork Street !

AGATHE POSKET.

Ensuite, nous le suivons au club.

CHARLOTTE.

Les dames ne viennent jamais dans un club.

AGATHE POSKET.

De telles choses sont connues.

WYKE *entre.*

WYKE.

[*Souriant derrière sa main.*] Le taxi arrive, madame.

AGATHE POSKET.

À venir? Pourquoi ne l'as-tu pas apporté avec toi ?

WYKE.

Je marche plus vite que le taxi, madame. C'est un bon cheval, lent, mais très sûr.

AGATHE POSKET.

Nous descendrons.

WYKE.

[*À lui-même.*] Exactement ce que le cheval a fait. [*À* AGATHA POSKET.] Oui m'dame.

[WYKE *sort.*

AGATHE POSKET.

Bonne nuit, Énée .

M. POSKET.

[*Nerveusement.*] J'aimerais que tu me permettes d'aller au club, mon animal de compagnie.

AGATHE POSKET.

Énée , je suis surpris de ton obstination. C'est tellement différent de mon premier mari.

M. POSKET.

Vraiment, Agatha, je suis choquée. Je présume que feu M. Farringdon utilisait occasionnellement ses clubs.

AGATHE POSKET.

Clubs indiens. Les clubs indiens sont bons pour le foie, les clubs londoniens ne le sont pas. Bonne nuit!

M. POSKET.

Je te raccompagne à ton taxi, Agatha.

AGATHE POSKET.

Non, merci.

M. POSKET.

Sur ma parole!

CHARLOTTE.

[À AGATHA POSKET.] Pourquoi pas?

AGATHE POSKET.

Il voudrait donner la direction au cocher !

CHARLOTTE.

La première dispute. [À M. POSKET.] Bonne nuit, M. Posket.

M. POSKET.

Bonne nuit, Miss Verrinder.

AGATHE POSKET.

[À M. POSKET.] Avez-vous un message pour Lady Jenkins ?

M. POSKET.

Confondre Lady Jenkins.

AGATHE POSKET.

Je délivrerai votre message en présence de Sir George, qui, je vous le rappelle, est le secrétaire permanent du ministère de l'Intérieur.

[AGATHA POSKET *et* CHARLOTTE
sortent ; M. POSKET *fait les cent pas*
avec enthousiasme.

M. POSKET.

Gurrh ? Je ne dois pas aller au club ! J'ai donné le mauvais exemple à Cis ! Ha! Ha! Je suis différent de son premier mari. Oui, je suis... je suis vivant pour une chose. Je—je—je—je—je suis déçu si je ne sors pas avec ce garçon.

CIS.

[*Passant la tête par la porte.*] La côte est dégagée, Guv ? D'accord.

Entre CIS, *en tenue de soirée à la mode, portant le pardessus et le chapeau* DE M. POSKET .

CIS.

Voici votre chapeau et votre pardessus.

M. POSKET.

Où diable as-tu trouvé ce tailleur ?

CIS.

C'est maman, Guv . Tailleur de Brighton : crédit de six mois. Il a promis de vous envoyer la facture pour que le maître ne le sache pas. [*Mettre le chapeau* DE M. POSKET *sur sa tête.*] Par Jupiter, Guv , mes togs ne vous montrent-ils pas ?

M. POSKET.

Je n'irai pas, je n'irai pas. Je n'ai jamais rencontré un tel garçon auparavant.

CIS.

[*Produit pour l'aider avec son pardessus.*] Faites attention à votre bras, Guv . Vous avez la main dans la poche. Non, non, c'est une déchirure dans la doublure. C'est ça.

M. POSKET.

Je t'interdis de sortir !

CIS.

Oui, Maître . Et je vous défends de manger aucune de ces huîtres à la diable que nous trouverons à l'Hôtel des Princes. Maintenant tu as raison !

M. POSKET.

Je n'ai pas raison !

CIS.

Oh j'ai oublié! [*Il sort une poignée d'argent en vrac.*] J'ai trouvé cet argent dans votre bureau, Guv . Vous feriez mieux de l'emporter avec vous ; vous le voudrez peut-être. Vous voilà : or, argent et cuivre. [*Il vide l'argent dans la poche du pardessus* DE M. POSKET .] Une dernière précaution et puis c'est parti.

[*Il se dirige vers le bureau et écrit sur une demi-feuille de papier à lettres.*

M. POSKET.

Je ferai un tour sur la place, puis je rentrerai à la maison ! Je ne me laisserai pas influencer par un simple enfant ! Un homme de ma position responsable, un màgistrat, qui dîne sournoisement à l'Hôtel des Princes, rue Meek, c'est horrible.

CIS.

Maintenant, nous allons descendre tranquillement les escaliers pour ne pas faire sortir Wyke de son garde-manger. [*Donner du papier* À M. POSKET .] Tu mets ça bien en évidence pendant que je souffle les bougies.

[CIS *souffle les bougies du piano.*

M. POSKET.

[*Lecture.*] « Votre maître et M. Cecil Farringdon vont se coucher. Ne les dérangez pas. Je ne serai partenaire d'aucun document écrit. C'est faux.

CIS.

Non, ce n'est pas le cas : nous nous coucherons quand nous rentrerons à la maison. Dépêchez-vous, Guv .

M. POSKET.

Oh, quel garçon.

[*Épingler le papier sur le rideau.*

CIS.

[*J'éteins la lampe et j'observe* M. POSKET.] Bonjour, Maître ! Bonjour! Vous êtes un habitué de ce genre de jeu, n'est-ce pas ?

M. POSKET.

Comment oses-tu!

CIS.

[*Prenant le bras* DE M. POSKET .] Maintenant, ne respire pas.

M. POSKET.

[*Assez démoralisé* .] Cis! Cis! Attendez une minute, attendez une minute !

CIS.

Attendez, Maître . [WYKE *entre.*] Oh frere!

WYKE.

[*À* M. POSKET.] Vous sortez, monsieur ?

M. POSKET.

[*J'ai du mal à m'exprimer.*] Non—oui—c'est—partiellement—la moitié du tour de la Place, et peut-être—euh—euh—en arrière. [*À* CIS.] Oh, espèce de mauvais garçon !

WYKE.

[*S'approchant froidement du papier sur les rideaux.*] Dois-je retirer ceci maintenant, monsieur ?

M. POSKET.

[*Tranquillement à* CIS.] Je suis dans une situation horrible ! Que dois-je faire?

CIS.

Faites comme moi : donnez-lui un pourboire.

M. POSKET.

Quoi!

CIS.

Donnez-lui un pourboire.

M. POSKET.

Oh, oui, oui. Où est mon argent?

[CIS *sort deux pièces de la poche* DE M. POSKET *et les lui donne sans les regarder.*

CIS.

[*À* M. POSKET.] Donnez-lui ça.

M. POSKET.

Oui.

CIS.

Et dites : « Wyke, tu veux un nouveau parapluie – achète-en un très bon. Votre maîtresse a une clef, alors allez vous coucher.

M. POSKET.

Wyke!

WYKE.

Oui Monsieur.

M. POSKET.

[*Lui donner de l'argent.*] Va te coucher, achète-en un très bon. Votre maîtresse a une clé, alors vous voulez un nouveau parapluie !

WYKE.

Très bien Monsieur. Tu peux compter sur moi. Êtes-vous bien emmitouflé, monsieur ? Attention, prenez soin de lui, Maître Cis.

CIS.

[*Soutenir* M. POSKET ; M. POSKET *gémit doucement.*] Capitale, Guv , capitale. Avez-vous faim?

M. POSKET.

Affamé! Tu es un méchant garçon. J'ai dit un mensonge.

CIS.

Non, ce n'est pas le cas, Guv – il veut vraiment un nouveau parapluie.

M. POSKET.

Vraiment, Cis ? Est ce qu'il? Dieu merci!

[*Ils sortent.*

[*Regarder l'argent*] Ici ! Quoi, deux pence ! [*Jette les pièces avec dégoût.*] Je vais le dire à madame.

FIN DU PREMIER ACTE.

LE DEUXIÈME ACTE

La scène est un souper de l'Hôtel des Princes, rue Meek, avec deux portes, l'une donnant sur une pièce voisine, l'autre sur un couloir, et une fenêtre donnant sur un balcon.

ISIDORE, *serveur français, est présent dans* CIS *et* MONSIEUR POSKET.

CIS.

Allez, Guv , allez. Comment vas-tu, Isidore ?

ISIDORE.

Je vous demande pardon, je vais très bien, et vous aussi, merci .

CIS.

Je veux un joli petit dîner léger pour moi et mon ami, M. Skinner.

ISIDORE.

M. Skinner.

M. POSKET.

[*À* CIS.] Dépeceur ! Est-ce que quelqu'un d'autre vient ?

CIS.

Non non. Vous êtes Skinner.

M. POSKET.

Oh!

[*Il fait le tour de la pièce.*

CIS.

M. Skinner, de la Bourse. Qu'as-tu préparé ?

ISIDORE.

[*À voix basse à* CIS. Je vous demande pardon, très bien, mais monsieur Blond m'a dit : « Isidore, écoutez maintenant ; Si M. Farringdon vient ici, vous dites : « Je vous demande pardon, vous êtes un gentil gentleman, mais paierez-vous votre petit compte quand cela vous conviendra, avant de quitter la maison immédiatement.

CIS.

Tout à fait, cela ne pose aucune difficulté. Quelle est la facture ?

ISIDORE.

[*Donne la facture.*] Je vous demande pardon. Huit livres quatre shillings.

CIS.

Phew! Voilà mes gains du vieux Bullamy et du Guv . [*Compter l'argent.*] Il manque deux livres. [*Se tournant vers* M. POSKET, *qui examine attentivement les rayures sur les miroirs.*] Dépeceur ! Écorcheur !

M. POSKET.

Les visiteurs grattent évidemment leur nom sur les miroirs. Cher moi! Il s'agit sûrement d'un titre fallacieux : « Lottie, duchesse de Fulham ! » Comme c'est très curieux !

CIS.

Skinner, tu as de l'argent sur toi ?

M. POSKET.

Oui, Cis, mon garçon.

[*Il en a pour son argent.*

CIS.

Tu le gardes toujours dans cette poche, Skinner.

M. POSKET.

[*Retirer de l'argent.*] Oh oui.

> [CIS *prend deux souverains à* M. POSKET *et donne le montant de sa note à* ISIDORE, *qui va au buffet compter la monnaie.*

CIS.

Pas de mise au lit, Isidore,

M. POSKET.

Qu'est ce que c'est?

CIS.

Mettez le changement au lit ! Isidore vous le montrera. [*A* ISIDORE, *qui vient vers eux avec la monnaie et l'addition dans une assiette.*] Isidore, montre à M. Skinner comment tu mets l'argent au lit.

ISIDORE.

Oh, M. Farringdon, je vous demande pardon… non, non !

M. POSKET.

Ce serait très instructif.

ISIDORE.

Très bien. [*Il se dirige vers la table sur laquelle il pose une assiette.*] Dis que je dois te rendre la monnaie seize shillings.

M. POSKET.

Certainement.

ISIDORE.

Très bien. Avant de vous l'apporter, je glisse une petite demi-couronne sous le billet... ainsi. Ensuite, je mets ce qui reste en haut de l'addition et je dis : « Je vous demande pardon, votre monnaie. » Vous le prenez, vous me donnez deux shillings pour moi, et tout va bien.

M. POSKET.

[*Compter l'argenterie sur le billet avec le bout de ses lunettes.*] Oui, mais supposons que je compte l'argent, il manque une demi-couronne !

ISIDORE.

Puis je dis : « Je vous demande pardon, comment oses-tu dire ça ? Alors je le fais. [*Il sort l'addition de l'assiette.*] Puis je dis : « La facture est de huit livres quatre shillings [*en tendant l'assiette*], comptez à nouveau.

M. POSKET.

Ah, bien sûr, tout va bien maintenant.

ISIDORE.

Très bien, alors donnez-moi cinq shillings pour avoir douté de moi. Fais-le; fais-le.

M. POSKET.

[*Dans un état second, lui donnant les cinq shillings.*] Comme ça?

ISIDORE.

Oui comme ça. [*Glissant l'argent dans sa poche.*] Je vous demande pardon, merci. [*Remettre* À CIS *le reste du changement.*] Votre monnaie, M. Farringdon.

CIS.

Oh, dis-je, Isidore.

BLOND, *un gros hôtelier français d'âge moyen, entre avec une lettre à la main.*

ISIDORE.

Monsieur Blond.

BLOND.

Bonsoir, M. Farringdon.

ISIDORE.

[*Tranquillement à* BLOND.] Ze Bill va bien.

CIS.

Bonne soirée. [*Présentation* DE M. POSKET.] Mon ami, M. Harvey Skinner, de la Bourse.

BLOND.

Très heureux de vous voir. [*À* CIS.] Allez-vous vous amuser ?

CIS.

Plutôt.

BLOND.

Vous mangez habituellement dans cette salle, mais cela ne vous dérange pas d'y renoncer pour ce soir, n'est-ce pas ?

CIS.

Ah, Achille !

BLOND.

Viens, viens, pour me faire plaisir. Un fiacre vient d'apporter une lettre d'un de mes anciens clients, un monsieur que je n'ai pas vu depuis plus de vingt ans, qui veut souper ce soir avec un ami dans cette chambre. C'est tout à fait vrai. [*Donner une lettre* À CIS .]

CIS.

[*Se lisant à lui-même.*] « 19A, rue Cork. Chère blonde, fraîche ou plutôt rassis de l'Inde, je veux souper ce soir avec mon ami le capitaine Vale, à mon ancienne table dans mon ancienne chambre. Je dois faire ça pour Auld Lang

Syne. Bien à vous, Alexandre Loukyn . [*À* BLONDE.] Oh, laisse-le l'avoir.
Où vas-tu nous mettre ?

BLOND.

Vous aurez la meilleure chambre de la maison, celle à côté de celle-ci.
Cette pièce ... pah ! Viens avec moi. [*À* M. POSKET.] Connaissez-vous M.
Farringdon depuis longtemps ?

M. POSKET.

Non non. Pas très long.

BLOND.

Ah, c'est un brave garçon... M. Farringdon. Maintenant, s'il vous plaît.
Vous pouvez passer par cette porte.

[*Enlève le canapé et déverrouille la porte.*

CIS.

[*À* M. POSKET.] Vous aurez meilleure mine après un verre ou deux de
Pommery , Guv .

M. POSKET.

Non, non, Cis… maintenant, pas de champagne.

CIS.

Pas de champagne, pas pour mon ami Harvey Skinner ! Allez, Guv ,
creuse-moi dans les côtes, comme ça. [*L'enfonçant dans les côtes.*] Chuck!

M. POSKET.

[*Rétrécissant.*] Oh, ne le fais pas !

CIS.

Et dites : Hé ! Allez, chef .

M. POSKET.

Je ne peux pas… je ne peux pas. Je ne sais pas ce que cela peut signifier.

CIS.

[*En le creusant encore dans les côtes.*] Allez— ch-uck !

M. POSKET.

Quoi, comme ça ? [*Je retourne la fouille.*] Chuck .

CIS.

C'est tout, c'est tout. Ha, ah ! Vous y allez, Guv .

M. POSKET.

Le suis-je, Cis ? Suis-je? [*En agitant le bras.*] Hé!

CIS ET M. POSKET.

Hé!

CIS.

Ha, ah ! Allez! Servez le souper, Achille.

BLOND.

Ah ! c'est un grand camarade, M. Farringdon. [CIS *et* M. POSKET *vont dans l'autre pièce.*] [*À* ISIDORE.] Remplacez le *canapé.*

> [*On frappe fort à l'autre porte.* BLOND *suit* CIS *et* M. POSKET *dans l'autre pièce, puis verrouille la porte de l'intérieur.*

ISIDORE.

Entrez, s'il-vous-plaît.

LE COLONEL LUKYN *et* LE CAPITAINE VALE *entrent dans la pièce.* LUKYN *est un militaire corpulent, aux cheveux gris et beau ;* VALE *a le visage pâle et les yeux lourds, tandis que ses manières sont languissantes et déprimées.*

LOUKYNE .

C'est la pièce. Entrez, Vale. C'est mon ancienne salle à manger : je n'y ai pas mis les pieds depuis plus de vingt ans. Par George, j'espère pouvoir souper ici encore vingt minutes.

VALLÉE.

[*Découragé.*] Est-ce que tu? En moins de cela, à moins que j'aie la chance de tomber dans un décor étranger, je serai à Kensal Green.

LOUKYNE .

[*Regardant sentimentalement autour de la pièce.*] Il y a vingt ans! Confondez-les , ils l'ont peint.

VALLÉE.

Mon peuple possède huit étagères dans les catacombes de Kensal Green.

LOUKYNE .

C'est absurde, mec, c'est absurde. Vous êtes un peu faible. Serveur, prenez nos manteaux.

VALLÉE.

Ne me surveille pas, Lukyn . Mon étagère est à quatre du bas.

LOUKYNE .

Vous oublierez le numéro de votre étagère avant d'avoir terminé la moitié de vos huîtres.

VALLÉE.

[*Secouant la tête.*] Une huître me rappelle simplement ma coquille particulière.

[ISIDORE *commence à retirer le manteau* DE
VALE .

LOUKYNE .

Ha, ah ! Ha, ah !

VALLÉE.

Non, Lukyn , non. [*À voix basse à* LUKYN .] C'est très gentil de votre part, mais, par Jupiter, j'ai le cœur brisé. [*À* ISIDORE.] Attention à ma fleur, garçon, vous confondre.

[*Il ajuste une fleur à sa boutonnière.*

ISIDORE.

Vous avez commandé le dîner, monsieur ?

LOUKYNE .

Oui, au dos de ma note à M. Blond. Servez-le immédiatement.

ISIDORE.

Je vous demande pardon, monsieur, immédiatement.

[*Il sort.*

LOUKYNE .

Alors, tu as été maltraité par une femme, hein, Vale ?

VALLÉE.

Terriblement. Entre homme et homme, une Miss Verrinder—Charlotte. [*Se détourner.*] Excusez-moi, Lukyn .

[*Il sort un mouchoir de soie plié, le secoue et se
mouche doucement.*

LOUKYNE .

[*Allumer une cigarette.*] Certainement, certainement, vous fait-il grand honneur. Une jolie femme?

VALLÉE.

Oh, adorable! Une dentition des plus magnifiques. Tout est réel, autant que je sache.

LOUKYNE .

Non?

VALLÉE.

Fait.

LOUKYNE .

Grande perte : prends une cigarette.

VALLÉE.

[*Prenant le cas de* LUKYN .] Celui de Parascho ?

LOUKYNE .

Oui. Était-elle… adulte ?

VALLÉE.

[*Allumant sa cigarette.*] Juste la perfection. Elle monte huit pierres quinze, et je l'ai perdue, Lukyn . Beau tabac.

LOUKYNE .

Qu'est-ce qui l'a terminé ?

VALLÉE.

Elle a offert à un homme une paire de pantoufles travaillées trois jours après nos fiançailles.

LOUKYNE .

Non?

VALLÉE.

Fait. Vous vous souvenez de Bristow... de Gordon Bristow ?

LOUKYNE .

À la perfection. Le meilleur gars du monde.

VALLÉE.

Il les porte.

LOUKYNE .

Méchant! Allez-vous commencer par un vin léger ou passer directement au champagne ?

VALLÉE.

Par Jupiter, ça m'a brisé le cœur, mon vieux. Je vais passer directement au champagne, s'il vous plaît. Lukyn , je ferai de toi mon exécuteur testamentaire.

LOUKYNE .

Caca! Tu me survivras ! Pourquoi n'apportent-ils pas le dîner ? Mon cœur a été brisé comme le tien. Il a été brisé pour la première fois en Irlande en 1955. Il fut de nouveau démoli à Londres en 1861, mais en 1870 il fut détruit à Calcutta, par une femme mariée à l'époque.

VALLÉE.

Une femme mariée ?

LOUKYNE .

Oui, ma défunte épouse. Parle de cœurs brisés, mon garçon, quand tu as gagné ta dame, pas quand tu l'as perdue. [*Entre* ISIDORE *avec un plateau de provisions de souper.*] Le souper. [*À* VAL.] Affamé?

VALLÉE.

[*Tristement.*] Très.

Entre BLOND, *avec une enveloppe.*

BLOND.

Colonel Loukyn .

LOUKYNE .

Ah, Blond, comment vas-tu ? Pas un jour de plus. Qu'as-tu la?

BLOND.

[*Doucement à* LUKYN *à voix basse.*] Deux dames, colonel, en bas dans un taxi, doivent vous voir quelques minutes seules.

LOUKYNE .

Bonne grace! Excusez-moi, Valé. [*Prend l'enveloppe des mains de* BLOND, *et l'ouvre : lecture de la carte ci-jointe.*] Mme Posket—Mme. Posket! "Mme. Posket supplie le colonel Lukyn de la voir pendant cinq minutes pour une question d'urgence et sans surveillance. Par Georges ! Posket doit être malade au lit – je l'ai trouvé miteux hier soir. [*À* BLONDE.] Bien sûr bien sûr. Dis que je descendrai.

BLOND.

Il pleut dehors. Je ferais mieux de leur demander.

LOUKYNE .

Dodo. Je vais demander au capitaine Vale d'entrer dans une autre pièce. Être rapide. Dis- leur que je suis tout seul.

BLOND.

Oui, colonel.

[*Se dépêche.*

CIS.

[*Dans la pièce voisine, des bruits de verres et des appels.*] Serveur! Serveur! Serveur-rr ! Où diable es- tu ?

ISIDORE.

J'arrive, monsieur, j'arrive. Je vous demande pardon.

[*Il s'agite.*

LOUKYNE .

Mon cher Vale, je suis vraiment désolé de vous déranger. Deux dames, dont l'une est la femme d'un très vieil ami, m'ont suivi ici et veulent une demi-douzaine de mots avec moi seul. Je suis entre vos mains, comment puis-je gérer cela ?

VALLÉE.

Mon cher, n'en parlez pas. Laissez-moi aller dans une autre pièce.

LOUKYNE .

Merci beaucoup. Toi aussi, tu as tellement faim. Où est le serveur ? C'est confondant, il est parti !

VALLÉE.

D'accord. Je viendrai ici.

> [*Il passe derrière le canapé et essaie la porte qui mène à l'autre pièce.*

CIS.

[*À l'intérieur.*] Que veux-tu? Qui est là?

VALLÉE.

Occupé, peu importe, je trouverai mon chemin quelque part.

> [*On frappe ;* VALE *recule.*

BLOND.

[*Sans.*] Colonel, êtes-vous seul ? Les dames.

LOUKYNE .

Un moment. Bon sang, prends- le, Vale ! Les dames ne veulent pas être vues. Par George, je m'en souviens. Il y a un petit balcon à cette fenêtre ; sortez quelques instants... taisez-vous... je ne vous retiendrai pas... ce n'est rien d'important... votre mari a dû avoir une crise ou quelque chose comme ça.

VALLÉE.

Ah certainement !

LOUKYNE .

Bon gars, voici votre chapeau.

> [*Dans sa hâte, il va chercher son propre chapeau.*

BLOND.

[*Dehors, on frappe.*] Colonel, colonel !

LOUKYNE .

Un moment. [*Donnant son chapeau à* VALE.] Terriblement désolé. Toi
aussi, tu as tellement faim. [VALE *met le chapeau, qui est beaucoup trop grand pour
lui.*] Ah, c'est mon chapeau.

VALLÉE.

Mon cher Lukyn , n'en parle pas.

[*J'ouvre la fenêtre et je sors.*

LOUKYNE .

[*Tirant le rideau sur la niche.*] Juste de la place pour qu'il puisse se tenir
comme un homme dans une guérite. Entrez, Blonde.

LA BLONDE *défile en* AGATHA *et* CHARLOTTE, *toutes deux
voilées.*

AGATHE POSKET.

[*Agité.*] Oh, colonel Loukyn !

LOUKYNE .

Priez, composez-vous, priez, composez-vous !

AGATHE POSKET.

Qu'en penserez-vous ?

LOUKYNE .

Que je suis parfaitement enchanté.

AGATHE POSKET.

Merci. [*Montrant* CHARLOTTE.] Ma sœur.

[LUKYN *et* CHARLOTTE *s'inclinent.*

LOUKYNE .

Être assis. Blond? [*Doucement pour lui.*] Laissez le serveur dehors jusqu'à
ce que je sonne, c'est tout.

[*On entend le crépitement de la pluie.*

BLOND.

Oui, colonel.

LOUKYNE .

Bon Dieu, Blonde ! Qu'est ce que c'est?

BLOND.

La pluie dehors. Ce sont des chats et des chiens.

LOUKYNE .

[*Horrifié.*] Par George, n'est-ce pas ? [*À lui-même, regardant vers la fenêtre.*] Pauvre diable! [*À* BLONDE.] Il n'y a aucun moyen de descendre de ce balcon, n'est-ce pas ?

BLOND.

Non, sauf en s'y mettant.

LOUKYNE .

Que veux-tu dire?

BLOND.

Ce n'est pas du tout sûr. Ne l'utilisez pas.

> [LUKYN *reste horrifié ;* LE BLOND *sort. De fortes pluies se font entendre.*

LOUKYNE .

[*Après quelques regards nerveux vers la fenêtre, essuyant la sueur de son front.*] Je suis honoré , Mme Posket, par cette visite - même si pour un instant - je ne peux pas imaginer -

AGATHE POSKET.

Colonel Lukyn , nous avons conduit jusqu'à Cork Street jusqu'à votre logement, et là votre domestique nous a dit que vous dîniez à l'Hôtel des Princes, avec un ami. Personne ne sera introduit dans cette pièce pendant que nous sommes ici ?

LOUKYNE .

Non, nous… ah… ne serons pas dérangés. [*À lui-même.*] Mon Dieu, si je ne le revoyais plus jamais vivant !

AGATHE POSKET.

[*Soupirant avec lassitude.*] Ah !

LOUKYNE .

J'ai peur que vous soyez venu me dire que Posket est malade.

AGATHE POSKET.

Je… non… mon mari est à la maison.

> [*Une forte rafale de vent se fait entendre avec la pluie.*

LOUKYNE .

Seigneur, pardonne- moi ! Je l'ai tué.

AGATHE POSKET.

[*Avec horreur.*] Colonel Loukyn !

LOUKYNE .

Madame!

AGATHE POSKET.

En effet, M. Posket est chez lui.

LOUKYNE .

[*Jetant un coup d'œil à la fenêtre.*] Est-il? J'aurais aimé que nous le soyons tous.

AGATHE POSKET.

[*À elle-même.*] Insolation évidemment. Pauvre gars! [*À* LOUKYN .] Je vous assure que mon mari est à la maison, très bien, et qu'il dort profondément.

> [*On entend* CIS *et* M. POSKET RIRE DANS LA PIÈCE VOISINE.

ISIDORE.

[*À l'intérieur.*] Vous êtes deux drôles de messieurs, je vous demande pardon.

AGATHE POSKET.

[*Surpris.*] Qu'est-ce que c'est?

LOUKYNE .

Dans la pièce à côté. [*On frappe à la porte.*] Chut, chut, chut !

CHARLOTTE.

Finis-en, Aggy, et rentrons à la maison. J'ai terriblement faim.

LOUKYNE .

[*Regardant à travers les rideaux.*] Il le porte toujours. Quel est son poids ?
Il ne peut sûrement pas escalader plus de dix pierres. Seigneur, comme il est
mouillé !

AGATHE POSKET.

Colonel Loukyn !

LOUKYNE .

[*Quittant brusquement la fenêtre.*] Madame, commandez-moi !

AGATHE POSKET.

Colonel Lukyn , nous nous sommes connus à Baroda il y a vingt ans.

LOUKYNE .

Quand je te regarde, impossible.

AGATHE POSKET.

Ah, alors tu ne dois pas me regarder.

LOUKYNE .

Tout aussi impossible.

CHARLOTTE.

[*À elle-même.*] Oh, je me sens complètement hors de ça.

AGATHE POSKET.

Vous étiez au baptême de mon petit garçon.

LOUKYNE .

[*Absentement.*] Oui, oui, certainement.

AGATHE POSKET.

Vous vous souvenez à quel point il était un brave petit garçon.

LOUKYNE .

[*Pensivement.*] Pas une livre sur dix pierres.

AGATHE POSKET.

Colonel Loukyn !

LOUKYNE.

Je vous demande pardon, oui, j'étais au baptême de votre garçon.

AGATHE POSKET.

[*À elle-même.*] L'un des pires cas d'insolation que j'ai jamais connu.

LOUKYNE.

Je me souviens très bien de l'enfant. A-t-il toujours cette gueule absurde ?

AGATHE POSKET.

Colonel Loukyn !

LOUKYNE.

Madame!

AGATHE POSKET.

Mon enfant est et a toujours été parfait.

LOUKYNE.

Tu me comprends mal! J'étais son parrain ; Je lui ai donné une coupe en argent.

AGATHE POSKET.

Oh, excuse-moi. Comment ai-je connu une expression aussi vulgaire ? Je ne sais pas d'où je tire mon argot. Ce doit être en flânant aux vitrines des magasins. Oh oh oh!

LOUKYNE.

Priez, calmez-vous. Je vais vous laisser un instant.

[*Je me dirige vers la fenêtre.*

AGATHE POSKET.

[*À CHARLOTTE.*] Par quoi dois-je commencer, Charley ?

CHARLOTTE.

Faites un saut audacieux, faites-le ! L' odeur de cuisine ici, pour une femme affamée, est exaspérante.

[VALE ouvre doucement la fenêtre et entre dans
le renfoncement, mais reste caché par le
rideau.

VALLÉE.

[*À lui-même.*] C'est dommage de la part de Lukyn ! Je suis mouillé jusqu'aux os et j'ai terriblement faim ! Qui diable sont ces femmes ?

AGATHE POSKET.

Colonel Loukyn !

LOUKYNE .

Madame. [*À l'écoute.*] Pas encore de crash.

AGATHE POSKET.

[*Posant impulsivement sa main sur son bras.*] Ami de vingt ans ! Je serai très franc avec vous. Tu vas dîner avec nous demain ?

LOUKYNE .

Madame, je rembourserai votre franchise comme elle le mérite. Je suis.

AGATHE POSKET.

Mon mari sait que vous connaissez les circonstances de mon premier mariage. Je sais ce que sont les hommes. Quand les femmes quittent la table, les hommes deviennent rétrospectifs. Maintenant, demain soir, au dessert, je vous prie de ne pas donner de rendez-vous à mon mari.

LOUKYNE .

Hein ?

AGATHE POSKET.

Gardez-lui tout ce qui ressemble à des dates.

LOUKYNE .

Vous ne devez pas manger de fruits à noyau ?

AGATHE POSKET.

Non, je veux dire les années, les mois, les jours, les dates liées à mon mariage avec M. Farringdon.

LOUKYNE .

Cher moi, sujet douloureux !

AGATHE POSKET.

Je serai plus que franc avec vous. Mon mari actuel, ayant de très courtes vacances dans l'exercice de ses fonctions publiques, ne m'a courtisé que pendant trois semaines ; vous, qui avez été courtisés et mariés de votre vivant, savez de quoi est composée cette période heureuse. L'avenir est tout-captivant pour l'homme ; les cadeaux, je veux dire le présent, un rêve joyeux pour la femme. Mais en faisant face à mon passé, j'ai rencontré des difficultés plus que ordinaires.

LOUKYNE .

Je ne vois pas pourquoi – son défunt mari est mort de mort naturelle – ne se tenait pas sur un balcon ou quoi que ce soit.

AGATHE POSKET.

Colonel Lukyn , vous savez que j'avais trente-six ans au moment de mon récent mariage !

LOUKYNE .

Tu me surprends!

AGATHE POSKET.

Tu le sais! Sois franc, Loukyn ! Je n'ai pas trente-six ans ?

LOUKYNE .

Tu es.

AGATHE POSKET.

Très bien alors. Au cours d'un engagement de trois semaines, comment ai-je pu aborder les différents épisodes de trente-six ans ? Le passé peut être agréable, doré, beau, mais on peut avoir trop de bonnes choses.

LOUKYNE .

[*À lui-même.*] Je suis dans cette position maintenant.

AGATHE POSKET.

L'homme qui me courtisait cherchait à se détendre de ses multiples responsabilités. Comment pourrais-je taxer une attention déjà lasse avec le récit des événements de trente-six ans ?

LOUKYNE .

Qu'est-ce que tu as fait?

AGATHE POSKET.

Par considération pour l'homme que j'aimais, j'ai sacrifié cinq années d'enfance heureuse – je lui ai dit que je n'avais que trente et un ans – que je n'avais été mariée que quinze ans auparavant – que mon garçon n'avait que quatorze ans !

LOUKYNE .

Par George, madame, et dois-je souscrire à tout cela ?

AGATHE POSKET.

Je vous demande seulement d'éviter la question des dates.

LOUKYNE .

Mais, à la table d'un dîner d'hommes...

AGATHE POSKET.

Vous n'avez pas besoin de gâcher le dîner d'un homme. Pas seulement celui d'un homme, mais celui d'une femme ! Loukyn , Loukyn ! Promesse!

LOUKYNE .

Donnez-moi une seconde pour réfléchir.

> [LUKYN , *se détournant, découvre* CHARLOTTE *en train de soulever les couvercles de la vaisselle et d'inspecter le contenu.*

LOUKYNE .

Ah, les huîtres à la diable !

CHARLOTTE.

Oh!

> [*Lâche le couvercle avec fracas, court vers la table et parle à* AGATHA POSKET.

LOUKYNE .

vous en prie, regardez- les encore une fois, j'aimerais pouvoir vous persuader d'y goûter. Que dois-je faire? Dois-je le promettre ? Pauvre Posket

! Si je ne promets pas, elle pleurera et ne rentrera pas chez elle. Les huîtres sont presque froides, froides ! Que doit *-il* être ! [*Écarteant le rideau et ne voyant pas* VALE, *il recule en titubant.*] Parti — et sans un cri — brave garçon, brave garçon !

AGATHE POSKET.

Colonel Loukyn .

LOUKYNE .

Dégradation de l'endurance dans l'armée — pah ! Les jeunes sont dignes de nos plus beaux jours.

AGATHE POSKET.

Colonel Lukyn , le promettez-vous ?

LOUKYNE .

Promesse? N'importe quoi, ma chère madame, n'importe quoi.

AGATHE POSKET.

Ah merci! Puis-je vous demander de nous accompagner à notre taxi ?

LOUKYNE .

Certainement! Dieu merci, ils s'en vont !

AGATHE POSKET.

[*À* CHARLOTTE.] C'est bon; venez !

CHARLOTTE.

[*À* AGATHA POSKET.] Oh, ces huîtres ont l'air si belles.

LOUKYNE .

[*À lui-même.*] Arrêt! Dans mon trouble, j'oublie même les courtoisies les plus communes envers ces dames. [*À* AGATHA POSKET.] Vous avez un long voyage devant vous. Je suis sûr que votre mari ne me pardonnerait pas de vous laisser affronter un tel temps sans préparation. Permettez-moi de vous recommander une huître ou deux et un dé à coudre de champagne.

AGATHE POSKET.

Non, merci, colonel Lukyn .

CHARLOTTE.

[*À* AGATHA POSKET.] Dis oui. Je meurs de faim.

LOUKYNE .

Comme vous voulez. [*À lui-même.*] Je savais qu'ils refuseraient. J'ai fait mon devoir.

CHARLOTTE.

[*À* AGATHA POSKET.] J'étais dans le train jusqu'à sept heures. Attends d'être de *bonne foi* voyageur - accepter.

AGATHE POSKET.

Hum ! Colonel, le fait est que ma pauvre sœur a voyagé toute la journée et est un peu épuisée.

LOUKYNE .

[*Horrifié.*] Tu ne veux pas dire que tu vas me faire un plaisir inestimable. [CHARLOTTE *le regarde, hochant la tête et souriant.*] Je suis ravi.

> [CHARLOTTE *s'assoit à table, affamée ;* LUKYN *va chercher une bouteille de champagne dans le buffet.*

AGATHE POSKET.

[*À* CHARLOTTE.] Charlotte, je suis surprise.

CHARLOTTE.

[*À* AGATHA POSKET.] C'est absurde, les meilleurs viennent ici. Certains d'entre eux ont laissé leur nom sur les miroirs.

VALLÉE.

[*Derrière le rideau.*] C'est bien dommage de la part de Lukyn . Que font-ils maintenant? [LUKYN *tire le bouchon.*] Bon sang, ils dînent à moi !

> [LOUKYN *verse du vin.*

CHARLOTTE.

Pourquoi ne me donne-t-il pas quelque chose à manger ?

> [*On entend un bruit de couteaux et de fourchettes dans l'autre pièce, puis un éclat de rire de* CIS.

AGATHE POSKET.

[*Démarrage.*] Charley, écoute ! Comme c'est étrange!

CHARLOTTE.

Très. Ce pain est magnifique.

> [On entend CIS *chanter bruyamment le refrain d'une chanson comique.*

AGATHE POSKET.

Vous ne reconnaissez pas cette voix ?

CHARLOTTE.

[*Grignoter.*] La seule voix que je reconnais est celle de la faim.

AGATHE POSKET.

Je suis épuisé, je suppose.

> [LOUKYN , *la tête baissée, va chercher le plat d'huîtres sur le buffet.*

VALLÉE.

[*Derrière les rideaux.*] Il a pris les huîtres. Je l'ai vu faire ça.

LOUKYNE .

Les huîtres.

> [LUKYN *s'affale sur sa chaise à table et pose sa tête sur sa main ; les deux femmes se regardent.*

CHARLOTTE.

[*À* AGATHA POSKET.] Quelque chose ne va pas ?

AGATHE POSKET.

Insolation : mauvais cas !

CHARLOTTE.

Oh… le pauvre garçon. [*Elle soulève doucement le coin du plat, renifle, puis remet le couvercle.*] Pas de plaques.

AGATHE POSKET.

Demandez-les.

CHARLOTTE.

Tu demandes.

AGATHE POSKET.

Tu as faim.

CHARLOTTE.

Tu es marié. Ça vient mieux de toi.

VALLÉE.

[*Derrière les rideaux.*] Ce silence est terrible.

AGATHE POSKET.

[*À* LOUKYN .] Hum ! Hum !

LOUKYNE .

[*Levant les yeux soudain.*] Hein ?

AGATHE POSKET.

Il n'y a pas de plaques.

LOUKYNE .

Pas d'assiettes ? Pas d'assiettes ? C'est de ma faute. Excusez-moi. Où sont les assiettes ?

> [VALE, *toujours invisible, tend la main à travers le rideau, prend les assiettes et les présente à* LUKYN , *qui recule.*

VALLÉE.

[*Dans un murmure.*] Voici les assiettes. Soyez vigilant, Lukyn .

LOUKYNE .

Vallée! sain et sauf! [*Il prend les assiettes, puis saisit la main tendue* DE VALE .] Soyez bénis, mon vieux. Je suis à nouveau moi-même. [*Se dirigeant gaiement vers la table avec les assiettes.*] Mes chères dames, je rougis, je rougis positivement, je suis le pire hôte du monde.

VALLÉE.

[*À lui-même.*] Par Jupiter, c'est vrai.

AGATHE POSKET.

Pas du tout, pas du tout.

LOUKYNE.

[*Aider les dames.*] Je vais me faire pardonner, par George ! Vous avez peut-être remarqué que j'étais complètement de mauvaise humeur. C'est mon tempérament : tantôt haut, tantôt bas. Je viens de faire un tour, ha, ha ! Huîtres.

[*Remise de la plaque à* AGATHA POSKET.

AGATHE POSKET.

Merci.

LOUKYNE.

Ah ! J'ai passé de nombreux happy hours dans cette pièce. Le présent n'est pas des moins heureux.

CHARLOTTE.

[*J'essaie d'attirer son attention.*] Hum ! Hum !

LOUKYNE.

[*Regardant le plafond.*] Ma première visite à l'Hôtel des Princes était dans l'année, l'année, laissez-moi réfléchir.

CHARLOTTE.

[*Chuchotant à* AGATHA POSKET.] Est-ce qu'il ne va pas m'aider ?

LOUKYNE.

C'était en 1955 ?

AGATHE POSKET.

[*Passant rapidement son assiette à* CHARLOTTE.] Je n'ai pas faim.

CHARLOTTE.

Tu es un chéri.

LOUKYNE.

[*Avec insistance.*] C'était en 1955. J'oublie encore, pardonnez-moi. [*Il tend une assiette d'huîtres à* CHARLOTTE *et est surpris de la trouver en train de manger vigoureusement.*] Eh bien, je pensais que... [*À* AGATHA POSKET.] Ma chère

Madame, mille excuses. [*Il l'aide et puis lui-même.*] Bah ! ils sont froids, glacés, on pourrait patiner dessus . Il y a un plat d'autre chose là-bas.

[Il va au buffet ; La main DE VALE est à nouveau tendue avec l'autre plat couvert.

VALLÉE.

Je dis, Lukyn .

LOUKYNE .

[*Prenant le plat.*] Merci, mon vieux. [*Il revient à table et soulève le couvert.*] Semelles, elles ont l'air tentantes. S'il n'y avait que quelques citrons ! Ils ne sont sûrement pas assez brutaux pour avoir oublié les citrons. Où sont-elles? [*Il retourne au buffet.*] Où sont-elles? [*A voix basse à* VALE.] Avez-vous vu des citrons ?

AGATHE POSKET.

Priez, pensez moins à nous, colonel Lukyn . Laisse moi prendre soin de toi.

LOUKYNE .

Vous êtes très gentil. J'aimerais que tu me laisses appeler pour des citrons.

[La main DE VALE vient comme auparavant de derrière le rideau jusqu'au buffet, trouve le plat de citrons et le tend à bout de bras.

VALLÉE.

[*Dans un murmure.*] Citrons.

[AGATHA POSKET aide LUKYN , quand soudain CHARLOTTE, avec sa fourchette en l'air, se penche en arrière, bouche ouverte, regardant d'un air folle le bras DE VALE TENDU AVEC LE PLAT.

CHARLOTTE.

[*Dans la terreur.*] Agathe! Agathe!

- 65 -

Charlotte! qu'est-ce qu'il y a, Charley ?

CHARLOTTE.

Agathe!

AGATHE POSKET.

Tu es malade, Charlotte ! Vous n'étouffez sûrement pas ?

CHARLOTTE.

[*Montrant les rideaux.*] Regarde regarde!

[*Ils crient tous les deux.*

LOUKYNE .

Ne vous inquiétez pas—je——

CHARLOTTE . }

Qu'est ce que c'est? }

[*Ensemble.*]

AGATHE POSKET . }

Qui c'est? }

LOUKYNE .

Je peux expliquer. Ne condamnez pas avant d'avoir entendu. Je—je—
— Bon sang, monsieur, posez ces citrons !

CHARLOTTE.

Il l'appelle « Monsieur » – ce doit être un homme.

LOUKYNE .

C'est un homme. Je ne suis pas en mesure de le nier.

AGATHE POSKET.

Vraiment, colonel Loukyn !

LOUKYNE .

C'est mon ami. Il—il—il attend simplement son souper.

AGATHE POSKET.

Ton ami. [*À* CHARLOTTE.] Rentre à la maison, chérie.

LOUKYNE .

Faites, écoutez-moi ! Pour éviter l'embarras de rencontrer un inconnu, il s'est retiré sur le balcon.

AGATHE POSKET.

Au balcon ? Vous avez honteusement compromis deux femmes de confiance, colonel Lukyn .

LOUKYNE .

J'aurais donné ma vie plutôt que de le faire. J'ai donné la vie à mon ami.

AGATHE POSKET.

Il a entendu toutes les paroles confidentielles que je vous ai dites.

LOUKYNE .

Écoutez son explication. Pourquoi diable ne me corroborez-vous pas , monsieur ?

VALLÉE.

[*De derrière le rideau.*] Certes, je vous assure que je n'ai presque rien entendu.

CHARLOTTE.

[*Saisissant le bras* D'AGATHA POSKET .] Oh, Agathe !

VALLÉE.

Je ne suis entré que lorsque j'étais extrêmement mouillé.

LOUKYNE .

[*À* AGATHA POSKET.] Vous entendez cela?

VALLÉE.

Et quand je suis entré...

CHARLOTTE.

[*Hystériquement.*] Horace !

VALLÉE.

Je vous demande pardon.

CHARLOTTE.

C'est Horace, capitaine Vale.

VALLÉE.

[*Venant de derrière le rideau, l'air terriblement mouillé.*] Charlotte—Mlle Verrinder.

CHARLOTTE.

Que faites-vous ici? Quelle frayeur tu as l'air.

VALLÉE.

Qu'est-ce que je fais ici, Miss Verrinder ? Vraiment, Lukyn , votre conduite appelle quelques petites explications.

LOUKYNE .

Ma conduite, monsieur ?

VALLÉE.

Vous invoquez une excuse dérisoire pour m'expulser sous la pluie pendant que vous divertissez une dame qui, vous le savez, m'a très récemment brisé le cœur.

LOUKYNE .

Je ne savais rien de tel.

VALLÉE.

Je vous l'ai dit, colonel Lukyn , ce n'est pas la conduite d'un officier et d'un gentleman.

LOUKYNE .

Qui ne l'est pas, le vôtre ou le mien ?

VALLÉE.

Le mien. Je veux dire le vôtre.

LOUKYNE .

Vous êtes en présence de dames, monsieur ; enlève mon chapeau.

VALLÉE.

Je vous demande pardon. Je ne savais pas que je le portais.

CHARLOTTE.

C'est un très bel homme ; on ne voit pas un homme à son meilleur quand il est complètement mouillé.

AGATHE POSKET.

[*À* LOUKYN .] Colonel Lukyn , avez-vous un jour l'intention d'envoyer chercher un taxi ?

LOUKYNE .

Certainement Madame.

VALLÉE.

Un moment. J'ai quelques explications personnelles à échanger avec Miss Verrinder.

CHARLOTTE.

[*À* AGATHA POSKET.] Les pantoufles. [*À* VAL.] Je suis tout à fait prêt, capitaine Vale.

VALLÉE.

Merci. Colonel Lukyn , voulez-vous m'obliger en sortant sur ce balcon ?

LOUKYNE .

Certainement pas, monsieur.

VALLÉE.

Vous avez peur de la pluie, Colonel Lukyn ; tu n'es pas un soldat.

LOUKYNE .

Vous le savez mieux, monsieur. En fait, ce balcon ne supporte pas un homme comme moi.

VALLÉE.

Ce qui montre que les objets inanimés ont beaucoup de bon sens, monsieur.

LOUKYNE .

Vous ne le prouvez pas dans votre propre cas, Capitaine Vale.

VALLÉE.

C'est une chicane verbale, monsieur.

> [*Ils parlent avec colère.*

AGATHE POSKET.

[*À* CHARLOTTE.] Il est terriblement tard. Dis-lui de t'écrire.

CHARLOTTE.

Il faut que je lui parle ce soir ; la vie est trop courte pour les lettres.

AGATHE POSKET.

Il pourra alors télégraphier.

CHARLOTTE.

Un demi-centime par mot et il n'a que son salaire.

AGATHE POSKET.

Très bien, alors Lady Jenkins a un téléphone. Je t'y emmènerai prendre le thé demain. S'il vous aime, dites-lui d'appeler le 1338091.

CHARLOTTE.

Espèce d'ange attentionné !

LOUKYNE .

Mme Posket—Mlle Verrinder—hum—nous——

VALLÉE.

Le colonel Lukyn et moi-même...

LOUKYNE .

Le capitaine Vale et moi craignons d'avoir été trahis, dans un moment de...

VALLÉE.

Irritation naturelle.

LOUKYNE .

Irritation naturelle, dans l'atroce inconvenance de différer...

VALLÉE.

Avant les dames.

LOUKYNE .

Charmantes dames———

VALLÉE. ·

Nous vous demandons pardon— Lukyn !

LOUKYNE .

Vallée. [*Ils se prennent la main.*] Mme Posket, je vais maintenant héler un taxi.

AGATHE POSKET.

Je vous en prie, faites-le.

LOUKYNE .

Miss Verrinder, le processus prendra cinq minutes.

VALLÉE.

[*Donnant son chapeau à* LUKYN .] Lukyn , je te rends ta gentillesse : mon chapeau.

LOUKYNE .

Merci, mon garçon.

> [LUKYN *met le chapeau* DE VALE , *qui est beaucoup trop petit pour lui. Au moment où il sort, on frappe à la porte ; il l'ouvre ;* LE BLOND *est dehors.*

BLOND.

Colonel, il est dix minutes de la fermeture, puis-je vous demander de mettre fin à votre soirée ?

LOUKYNE .

Caca! N'est-ce pas un pays libre ?

[*Il sort.*

BLOND.

Oui, vous êtes libre de rentrer chez vous, Colonel. Je vais avoir des ennuis.

[*Le suivre.*

CHARLOTTE.

[*À* AGATHA POSKET.] J'aurai le premier mot. Vraiment, Capitaine Vale, vous me surprenez.

VALLÉE.

Il fut un temps heureux, Miss Verrinder, où j'aurais pu être surpris par vous.

CHARLOTTE.

Il y a quelques heures, c'était : « Par Jupiter, tout est fini. » Maintenant, je te retrouve avec un ami intime en train de déguster des huîtres à la diable.

VALLÉE.

Je vous demande pardon, je vous trouve en train de déguster des huîtres à la diable.

CHARLOTTE.

Horace Vale, vous oubliez que vous avez perdu le droit d'exercer tout contrôle sur mon alimentation.

VALLÉE.

On croirait que j'avais rompu nos fiançailles.

CHARLOTTE.

Si ce n'est pas le cas, qui l'a fait ? J'ai ta lettre disant que tout est fini entre nous. [*Mettant son mouchoir devant ses yeux.*] Cette lettre sera tamponnée demain à Somerset House. Je sais comment me protéger.

VALLÉE.

Charlotte, peux-tu expliquer ta conduite avec Gordon Bristow ?

CHARLOTTE.

Je pourrais si je le voulais; une jeune femme peut tout expliquer.

VALLÉE.

Mais il montre votre don à nos camarades partout.

CHARLOTTE.

C'était une dette d' honneur . Il m'a posé une boîte de gants et une paire de pantoufles sur le thème « Forked Lightning » pour la Coupe Régimentaire, et « Forked Lightning » est devenu tendre au talon. Je ne pouvais pas venir vers vous avec des dettes qui pèsent sur moi. [*Pleurer.*] Je suis trop consciencieux.

VALLÉE.

Par Jupiter, j'ai été une brute.

CHARLOTTE.

Ouais-oui.

VALLÉE.

Pouvez-vous oublier que j'ai écrit cette lettre ?

CHARLOTTE.

Ce doit être une question de temps. [*Elle pose sa tête sur son épaule puis l'enlève.*] Comme tu es humide. [*Elle met son mouchoir sur son épaule et replace sa tête. Elle remonte progressivement son bras et le place autour de son épaule.*] Si vous continuiez de toute façon chaque fois que je m'acquitte d'une obligation, nous serions très mécontents.

VALLÉE.

Je te promets que je ne mentionnerai plus les pantoufles de Bristow. Par Jupiter, je ne le ferai pas... là-bas.

CHARLOTTE.

Eh bien, si vous faites cela , je vous donne ma parole de ne plus payer de dettes avant notre mariage.

VALLÉE.

Mon chéri!

[*Sur le point de l'embrasser, mais se rappelant
qu'il est mouillé.*

CHARLOTTE.

Non, non, tu es trop humide.

ISIDORE.

[*Dehors.*] Je vous demande pardon, nous avons dépassé d'un quart d'heure notre temps.

[AGATHA POSKET *était assise sur le canapé
; Soudain, elle commence, écoutant
attentivement.*

- 73 -

M. POSKET.

[*Dehors.*] Je sais je sais. J'y vais immédiatement pour pouvoir éloigner le garçon.

AGATHE POSKET.

[*À elle-même.*] Énée !

CIS.

[*Dehors.*] Très bien, Guv , vous finissez votre bouteille.

AGATHE POSKET.

Mon garçon.

ISIDORE.

[*Dehors.*] Messieurs, venez, venez.

AGATHE POSKET.

[*À elle-même.*] Misérable trompeur ! Voilà donc le club, et ce misérable conspire pour abaisser mon garçon à son horrible niveau. Que dois-je faire ? Je n'ose pas me faire connaître ici. Je sais; Je me dépêcherai de rentrer chez moi, et si j'y arrive avant Énée , ce que je ferai, je le veillerai.

LOUKYN *revient.*

AGATHE POSKET.

Le taxi est à la porte ?

LOUKYNE .

C'est.

AGATHE POSKET.

Charlotte! Charlotte!

[*Baissant son voile.*

CHARLOTTE.

Je suis prêt, chérie. [*À* VAL.] Les sœurs mariées sont toujours un peu irréfléchies.

VALLÉE.

[*Offrant son bras.*] Permettez-moi.

LOUKYNE .

[*Offrant son bras à* AGATHA POSKET.] Ma chère madame.

Ils sont tous les quatre sur le point de partir quand BLOND *entre précipitamment.*

BLOND.

[*Levant la main pour demander le silence.*] Faire taire! Faire taire!

LOUKYNE .

Quel est le problème?

BLOND.

La police!

TOUS.

[*Dans un murmure.*] La police!

BLOND.

[*Tranquillement.*] La police est en bas, à la porte. Je te l'avais dit.

CHARLOTTE.

[*S'accrochant à* VALE.] Oh cher! Oh cher!

AGATHE POSKET.

Pouvoirs gracieux !

BLOND.

Restez silencieux, s'il vous plaît. Ils peuvent être satisfaits des assurances de Madame Blond . Je dois vous mettre dans les ténèbres ; ils peuvent voir la lumière ici s'ils tournent vers l'arrière.

[*Souffle les bougies et éteint les autres lumières.*

AGATHA POSKET ET CHARLOTTE.

Oh!

BLOND.

Tais-toi, s'il te plaît ! Mon permis est déjà marqué une fois. Colonel Lukyn , merci pour cela.

[*Il sort.*

AGATHE POSKET.

[*Gémissant.*] Misérables hommes ! Qu'avez-vous fait? Êtes-vous des criminels ?

CHARLOTTE.

Vous n'avez pas déserté ou quoi que ce soit à cause de moi, n'est-ce pas, Horace ?

LOUKYNE.

Faire taire! Ne vous inquiétez pas. Notre temps s'est écoulé si agréablement que nous avons dépassé l'heure prescrite pour la fermeture de l'hôtel. C'est tout.

AGATHE POSKET.

Que peuvent-ils nous faire ?

LOUKYNE.

Dans le pire des cas, prenez nos noms et adresses et convoquez-nous pour être ici à des heures interdites.

AGATHE POSKET.

Oh!

CHARLOTTE.

[*À* VAL.] Horace, tu ne peux pas parler ?

VALLÉE.

Par Jupiter, je le regrette beaucoup.

ISIDORE *entre.*

LOUKYNE.

Bien bien?

ISIDORE.

Je vous demande pardon, la police est entrée.

LOUKYNE.

Le diable! [*À* AGATHA POSKET.] Ma chère dame, ne vous évanouissez pas à un tel moment.

BLOND *entre rapidement, portant un tapis.*

BLOND.

Ils envahissent la maison ! Cacher!

AGATHA POSKET ET CHARLOTTE.

Oh!

[*Il y a une agitation générale.*

BLOND.

Ils ont mis un homme à l'arrière. Éloignez-vous de la fenêtre. [*Ils sont tous très occupés et tout le monde parle à voix basse ;* LUKYN *place* AGATHA POSKET *sous la table, où elle est cachée par la couverture ; il se met derrière les pardessus suspendus aux patères ;* VALE *et* CHARLOTTE *s'accroupissent derrière le canapé.*] Merci beaucoup. Je vais coucher Isidore sur le canapé. Cela expliquera la lumière qui vient de s'éteindre. [ISIDORE *se place tranquillement sur le canapé ;* BLOND *le couvrant avec le tapis.*] Merci beaucoup.

[*Il sort.*

AGATHE POSKET.

[*D'une voix étouffée.*] Charley! Charley !

CHARLOTTE.

Oui.

AGATHE POSKET.

Où es-tu?

CHARLOTTE.

Ici.

AGATHE POSKET.

Oh, où est le capitaine Vale ?

CHARLOTTE.

Je pense qu'il est près de moi.

VALLÉE.

Par Jupiter, Charlotte, je le suis !

AGATHE POSKET.

Colonel Loukyn !

LOUKYNE.

[*De derrière les manteaux.*] Tenez, madame !

AGATHE POSKET.

Ne nous quitte pas.

LOUKYNE.

Madame, je suis soldat.

CHARLOTTE.

[*À* VAL.] Oh, Horace, dans un tel moment, quel réconfort nous devons être l'un pour l'autre.

VALLÉE.

Ma chère Charlotte, c'est incalculable.

[ISIDORE *se relève doucement et regarde par-dessus le dossier du canapé.*

CHARLOTTE.

[*Dans la terreur.*] Qu'est ce que c'est?

ISIDORE.

[*Doucement.*] Je vous demande pardon.

BLOND *entre tranquillement, suivi de* CIS *et* DE M. POSKET *sur la pointe des pieds,* M. POSKET *s'accrochant à* CIS.

BLOND.

Par ici; être rapide. Excusez-moi, la police vient d'entrer dans la pièce où ces messieurs dînaient. L'un d'eux tient à ce qu'on ne lui pose aucune question. S'il vous plaît, cachez-le et son ami quelque part. Ce sont tous les deux des messieurs très sympathiques.

[*Il sort, laissant* CIS *et* M. POSKET.

M. POSKET.

Cis, Cis. Conseille-moi, mon garçon, conseille-moi.

CIS.

Tout va bien, Guv , tout va bien. Mettez-vous derrière quelque chose.

[AGATHA POSKET *regarde sous la nappe.*

AGATHE POSKET.

Énée et mon enfant !

> [M. POSKET *et* CIS *errent, à la recherche de*
> *cachettes.*

VALLÉE.

[*À* CIS.] S'en aller.

CIS.

Oh!

LOUKYNE .

[*À* M. POSKET, *qui fouille dans les manteaux.*] Non non.

BLOND.

[*Passant la tête.*] La police arrive.

> [CIS *disparaît derrière le rideau de la fenêtre.*
> M. POSKET *plonge sous la table.*

AGATHE POSKET.

Oh!

M. POSKET.

[*À* AGATHA POSKET *dans un murmure.*] Je vous demande pardon. Je pense que je m'adresse à une dame. Je suis entièrement victime des circonstances. Acceptez mes excuses pour cette apparente intrusion. [*Pas de réponse.*] Madame, j'applaudis votre réticence, même si toute déclaration faite dans les circonstances actuelles ne serait pas retenue contre vous. Où est ce garçon? Oh! Madame, c'est peut-être une nervosité aiguë de votre part, mais vous me pincez certainement le bras.

> [*Il y a un bruit de pas lourds dehors, puis*
> MESSITER , *un inspecteur de police*
> *bourru et terre-à- terre, entre, suivi de*
> HARRIS, *un agent de police, et*
> D'ACHILLE BLOND.

BLOND.

Ne vous inquiétez pas, croyez-moi sur parole.

MESSITER .

Pas de problème, M. Blond, merci. [*Reniflant.*] Bougies — soufflées — dernièrement. C'est là qu'était la lumière.

BLOND.

Peut-être. Mon serviteur Isidore dort ici ; il vient juste de se coucher.

MESSITER .

Oh! [*Je prends une lanterne en forme de bœuf des mains d'* HARRIS *et jette la lumière sur* ISIDORE, *qui semble dormir profondément.*] Mort de fatigue, je suppose ?

BLOND.

Je suppose.

MESSITER .

[*En rabattant légèrement le revêtement.*] Il dort dans ses vêtements ?

BLOND.

Oh oui.

MESSITER .

Toujours?

BLOND.

Toujours, c'est une règle de l'hôtel.

MESSITER .

Oh !—pourquoi ça ?

BLOND.

Pour être prêt pour le matin.

MESSITER .

Très bien, très bien. [*Jetant le tapis et la couverture de côté.*] Isidore, descends et donne ton nom complet et tes coordonnées au sergent Jarvis.

ISIDORE.

[*Se levant instantanément.*] Oui, monsieur, très bien.

BLOND.

[*À* ISIDORE.] Pourquoi tu te réveilles si tôt ? Le diable t'emmène !

ISIDORE.

Je vous demande pardon.

[*Il sort.*

MESSITER .

Qu'y a-t-il sous cette fenêtre, M. Blond ?

BLOND.

La lucarne au-dessus de la cuisine, au diable !

MESSITER .

Merci... *vous* pouvez vous rendre chez le sergent maintenant, M. Blond.

BLOND.

Avec plaisir, que diable me prenne !

[*Il sort.*

MESSITER .

Alors, Harris.

HARRIS.

Oui Monsieur.

MESSITER .

Restez parfaitement immobile et retenez votre souffle aussi longtemps que vous le pouvez.

HARRIS.

Retenez mon souffle, monsieur ?

MESSITER .

Oui, je veux savoir combien de personnes respirent dans cette pièce. Es-tu prêt?

HARRIS.

Oui Monsieur.

MESSITER .

Aller! [HARRIS *reste immobile, serrant fermement ses lèvres ;* MESSITER *s'examine rapidement à la lueur de la lanterne, puis fait le tour de la pièce en écoutant et* en hochant la tête avec satisfaction en passant devant les différentes cachettes. HARRIS se tord d'agonie ; à la fin, il y renonce et respire lourdement.] Harris!

HARRIS.

[*Épuisé.*] Oui Monsieur!

MESSITER .

Vous respirez.

HARRIS.

Oh mon Dieu, oui, monsieur !

MESSITER .

Vous vous dénoncerez ce soir !

HARRIS.

J'ai tenu bon jusqu'à ce que j'ai failli partir, monsieur.

MESSITER .

[*Lui donnant la cible.*] Ne discutez pas, mais éclairez-vous. Il y a une demi-douzaine de personnes cachées dans cette pièce. [*Il y a un cri des femmes.* CHARLOTTE *et* VALE *se lèvent ;* LUKYN *sort de derrière les manteaux.*] Je le pensais. [*Tandis que* MESSITER *se retourne,* AGATHA POSKET *et* M. POSKET *se lèvent,* CIS *arrive rapidement, attrape* M. POSKET *et l'entraîne jusqu'à la fenêtre.*]

CIS.

[À M. POSKET.] Allez, Maître . Allez!

[*Ils disparaissent à travers le rideau alors que* HARRIS *allume les lumières. Puis vient un cri et le bruit d'un fracas.*

AGATHE POSKET.

Ils sont tués !

[MESSITER *regarde par la fenêtre.*

MESSITER .

Non, ils ne sont pas; ils sont allés avec eux dans la cuisine et sur le balcon. Soyez attentif, Harris.

[HARRIS *sort rapidement.*

LOUKYNE .

[*À* MESSITER .] Je vais vous dénoncer pour cela, monsieur.

MESSITER .

[*Sortant son carnet.*] Très désolé, monsieur; c'est mon devoir.

LOUKYNE .

Devoir, monsieur ! À venir vos foutus tours de détective sur mesdames et messieurs ! Comment osez-vous obliger des dames et des messieurs à suspendre leur respiration jusqu'à ce qu'ils soient presque frappés d'apoplexie ? Savez-vous que je suis un homme au cou court, monsieur ?

MESSITER .

Je ne voulais pas que vous arrêtiez de respirer, monsieur. Je voulais que tu respires plus fort. Votre nom et votre adresse, monsieur.

LOUKYNE .

Gur-rrh !

MESSITER .

Un gentleman de l'armée, monsieur ?

LOUKYNE .

Comment sais-tu ça?

MESSITER .

Style de discours court, monsieur. Les messieurs de l'armée sont un peu brusques lorsqu'ils sont en poste depuis des années.

LOUKYNE .

Oh! Alexander Lukyn — Colonel — Her Majesty's Cheshire Light Infantry, fin 41e d'infanterie, 3e bataillon — Bengale — Retraité.

MESSITER .

[*L'écriture.*] Hôtel ou club, colonel ?

LOUKYNE .

Ni l'un ni l'autre. 19A, Cork Street – logements.

MESSITER .

[*L'écriture.*] Très belle partie, colonel. Merci.

LOUKYNE .

Bah !

MESSITER .

Un autre monsieur ?

VALLÉE.

[*Avec une hauteur langoureuse.*] Horace Edmund Cholmeley Clive Napier Vale. Capitaine—Shropshire Fusiliers—Hôtel Stark, Conduit Street.

MESSITER .

[*L'écriture.*] Vous êtes à la retraite, monsieur ?

VALLÉE.

Non, confondez-vous, actif !

MESSITER .

Merci, Capitaine. Hum ! Demander pardon. Les—les dames.

[CHARLOTTE *s'accroche à* VALE,
"AGATHA POSKET *à* LOUKYN ".

CHARLOTTE ET AGATHA POSKET.

Non non! Non non!

LOUKYNE .

[*À* AGATHA POSKET.] Très bien, très bien, faites-moi confiance ! [*À* MESSITER .] Eh bien, monsieur?

MESSITER .

Noms et adresses, s'il vous plaît.

LOUKYNE .

Officier, mon brave, dites-moi maintenant, euh, euh, à l'heure actuelle, de quoi avez-vous le plus besoin ?

MESSITER .

Les noms et adresses de ces deux dames, s'il vous plaît. Soyez rapide, colonel. [*Désignant* AGATHA POSKET.] Cette dame en premier.

LOUKYNE .

Noms chrétiens… euh… ah… euh… Alice Emmeline.

MESSITER .

[*L'écriture.*] Alice Emmeline. Nom de famille?

LOUKYNE .

Euh... euh... Fitzgerald... 101, Wilton Street, Piccadilly.

MESSITER .

Fille célibataire?

LOUKYNE .

Tout à fait .

MESSITER .

Tres bien Monsieur.

AGATHE POSKET.

[*À* LUKYN , *en larmes.*] Oh merci, c'est une très belle adresse aussi.

MESSITER .

[*À* VAL.] Maintenant, Capitaine, s'il vous plaît, cette dame.

VALLÉE.

[*Qui a rassuré* CHARLOTTE.] Hah! Ha! cette dame est… euh… euh… la sœur de l'autre dame.

MESSITER .

Une femme célibataire, monsieur ?

VALLÉE.

Certainement.

MESSITER .

[*L'écriture.*] Prénom, capitaine ?

VALLÉE.

Ah—euh—Harriett.

MESSITER .

[*L'écriture.*] Nom de famille.

VALLÉE.

Euh... Macnamara.

MESSITER.

[*Avec un sourire sinistre.*] Tout à fait. Il vit avec sa sœur, bien sûr, monsieur
?

VALLÉE.

Bien sûr.

MESSITER.

Où en êtes-vous, monsieur ?

VALLÉE.

Manoirs Albert, rue Victoria.

CHARLOTTE.

[*À* VAL.] Oh, merci, j'ai toujours aimé cet endroit.

MESSITER.

Merci beaucoup, messieurs,

LOUKYNE.

[*Qui a écouté les réponses* DE VALE *avec une horreur impuissante.*] Par George,
on s'en sort bien !

        [CHARLOTTE *chancelle vers* AGATHA
          POSKET, *qui l'embrasse.*

LOUKYNE.

[*Enlevant les manteaux et en jetant un à* VALE.] Vale, ton manteau.

HARRIS *entre.*

HARRIS.

[*À* MESSITER.] Très désolé, monsieur; les deux autres messieurs se sont
fait nettoyer par la porte arrière de l'arrière-cuisine – de vieux mains, selon
toute apparence.

        [MESSITER *frappe du pied avec une*
          exclamation.

AGATHE POSKET.

[*À elle-même.*] Mon garçon, sauvé !

LOUKYNE .

[*À* HARRIS, *qui se tient devant la porte.*] Agent, écartez-vous.

MESSITER .

[*Fortement.*] Harris!

HARRIS.

[*Sans bouger.*] Oui Monsieur.

MESSITER .

Vous quitterez l'hôtel avec ces dames, et ne les perdrez pas de vue jusqu'à ce que vous ayez vérifié quels *sont leurs noms* et où elles *habitent* .

LUCYN ET VALE.

Quoi!

AGATHA POSKET ET CHARLOTTE.

Oh!

MESSITER .

Votre propre faute, messieurs ; c'est mon devoir.

LOUKYNE .

Et il est *de mon* devoir de sauver ces femmes sans défense des lois protectrices de mon maudit pays ! Vallée!

VALLÉE.

[*Il pose son manteau sur le canapé.*] Actif!

LOUKYNE .

[*À* HARRIS.] Laissez passer ces dames ! [*Il prend* HARRIS *par le col et le jette à* VALE, *qui le jette vers les dames, qui le repoussent.* MESSITER *met un sifflet à sa bouche et souffle ; il y a une réponse immédiate de l'extérieur.*] Plus de vos camarades dehors ?

MESSITER .

Oui, monsieur, à votre service. Désolé, messieurs, mais vous et votre groupe êtes sous ma garde.

LUCYN ET VALE.

Quoi?

AGATHA POSKET ET CHARLOTTE.

Oh!

MESSITER .

Pour avoir agressé cet homme dans l'exercice de ses fonctions.

LOUKYNE .

Tu oseras nous enfermer toute la nuit ?

MESSITER .

Il est une heure maintenant, Colonel, vous arriverez tôt demain matin.

LOUKYNE .

Allez? Dans quel tribunal ?

MESSITER .

Rue du Mûrier.

AGATHE POSKET.

Ah ! Le magistrat ?

MESSITER .

M. Posket, maman.

> [AGATHA POSKET *s'affale sur une chaise,*
> CHARLOTTE *à ses pieds ;* LUKYN ,
> *vaincu, tombe sur les épaules* DE
> VALE .

FIN DU DEUXIÈME ACTE.

LE TROISIÈME ACTE

La première scène est la salle du magistrat du tribunal de police de Mulberry Street, avec une porte couverte de rideaux menant directement au tribunal et une porte ouvrant sur un passage. Nous sommes au lendemain des événements du dernier acte.

LE SERGENT DE POLICE LUGG, *un homme d'âge moyen avec un léger dialecte campagnard, entre avec le journal « The Times », puis le coupe et jette un coup d'œil à son contenu, pendant qu'il fredonne une chanson.*

M. WORMINGTON, *un homme âgé, soigné et précis, entre.*

M. WORMINGTON.

Bonjour, Lugg.

LUGG.

Bonjour, M. Wormington.

M. WORMINGTON.

M. Posket n'est pas encore arrivé ?

LUGG.

Pas encore, monsieur. Tiens! [*Lecture.*] « *Raid dans un* hôtel du West End.— À une heure matinale ce matin… »

M. WORMINGTON.

Oui, j'ai lu cela : un cas d'agression contre la police.

LUGG.

Eh bien, ce doivent être ces gens qui se sont montrés si déchaînés toute la nuit.

M. WORMINGTON.

Très probable.

LUGG.

Oui, monsieur, ils ont protesté et protesté jusqu'à ce qu'ils protestent contre le sommeil de tout le monde. Mais les belles femmes aussi, comme je le dis à Mme Lugg, de nos jours, on ne sait plus qui est la dame et qui ne l'est pas. Qui a ce travail, monsieur ?

M. WORMINGTON.

Inspecteur Messiter .

LUGG.

Messire ! C'est de la chance ! Pourquoi il est le pire élocuteur de la police, monsieur. * [*Tandis qu'il dispose le journal sur la table, il aperçoit la cravate de* M. WORMINGTON *, qui est rouge vif.*] Eh bien, je... excusez-moi, M. Wormington, mais toutes les années où j'ai eu l' honneur de vous connaître, monsieur, je ne vous ai jamais vu porter une cravate avec, pour ainsi dire, une touche de couleur dedans . .

* Un magistrat de la ville, censurant un agent de police pour le manque de précision de ses déclarations à la barre des témoins, a suggéré que la police soit instruite sur une méthode permettant de présenter des preuves de manière articulée.

M. WORMINGTON.

Eh bien, Lugg, non, c'est vrai, mais aujourd'hui c'est pour moi une occasion exceptionnelle. C'est en fait le vingt-cinquième anniversaire de mon mariage, et j'ai pensé qu'il était dû à Mme Wormington de varier, dans une légère mesure, la sombre de ma tenue. J'avoue que je suis un peu inquiet au cas où M. Posket considérerait cela comme irrespectueux envers la Cour.

LUGG.

Pas lui, monsieur.

M. WORMINGTON.

Je ne sais pas. M. Posket est la rigueur même dans sa tenue vestimentaire, et sa cravate est invariablement noire. Cependant, ce ne sont pas tous les hommes qui ont des noces d'argent.

LUGG.

Ce n'est pas tout le monde qui en veut, monsieur.

> [M. WORMINGTON *sort ; au même moment*
> M. POSKET *entre précipitamment et
> s'appuie sur sa chaise comme épuisé.
> Son apparence est extrêmement
> misérable ; il est encore en tenue de
> soirée, mais ses vêtements sont sales et
> son linge sale et froissé, tandis qu'il
> porte sur l'arête du nez une petite
> bande de plâtre noir.*

M. POSKET.

[*Faiblement.*] Bonjour, Lugg.

LUGG.

Bonjour à vous, monsieur. Regrettant la liberté que je prends, monsieur, je vous ai vu avoir l'air plus fort et plus chaleureux .

M. POSKET.

Je vais plutôt bien, merci, Lugg. Ma nuit a été plutôt… plutôt perturbée. Lugg!

LUGG.

Monsieur?

M. POSKET.

Y a-t-il eu des demandes de renseignements à mon sujet ce matin, un messager de Mme Posket, par exemple, pour me demander comment je vais ?

LUGG.

Non monsieur.

M. POSKET.

Oh! mon enfant, mon beau-fils, le jeune M. Farringdon, n'a pas appelé, n'est-ce pas ?

LUGG.

Non monsieur.

M. POSKET.

[*À lui-même.*] Où peut être ce garçon ? [*À* LUGG.] Merci, c'est tout.

LUGG.

[*Qui a regardé* M. POSKET *avec étonnement, se dirige vers la porte, puis touche l'arête de son nez.*] Méchante coupure en se rasant , monsieur ?

[LUGG *sort.*

M. POSKET.

Où ce garçon peut-il bien être allé ? Si seulement je pouvais me rappeler comment, quand et où nous nous sommes séparés ! Je pense que c'était à Kilburn. Laissez-moi réfléchir : d'abord, la cuisine. [*Posant sa main sur le côté comme si elle était gravement meurtrie.*] Oh! Cis allait bien, parce que je suis tombé en dessous ; Je sentais que c'était mon devoir de le faire. Alors que s'est-il passé ? Une pièce sombre, qui sentait les oignons, les choux et l'huile de paraffine, et Cis me traînait sur le sol en pierre en disant : « Nous sommes dans l'arrière-cuisine, Guv ; essayons de trouver la porte des commerçants. Ensuite, l'air de la nuit – oh, comme c'est rafraîchissant ! « Cis, mon garçon, nous tirerons tous les deux une leçon de ce soir : ne trompe jamais. Où sommes-nous? Dans la rue Argyll. "Attention, Guv , ils sont après nous." Puis – alors, comme Cis l'a fait remarquer alors que nous franchissions les grilles de Portman Square – alors la fête a commencé. Nous nous dirigeons vers la place : ils nous poursuivent. Encore une fois, dans Baker Street. Dans Baker Street. Curieux souvenirs, en courant, de ma première visite, comme une enfant heureuse, chez Madame Tussaud, et je me demandais si son déplacement avait affecté ma fortune. "Allez, Guv , tu te fais exploser." Où sommes-nous? Route du Parc. Que suis-je en train de faire? Se lever d'une flaque d'eau. Bois de Saint-Jean. Le terrain de cricket. « Je dis, Guv , quelle course ce serait chez Lord's, n'est-ce pas ? et pas non plus de peur d'être chassé, mais encore plus de peur d'être percuté. « De quelle route s'agit-il, Cis ? Maida Vale. Bonne grace! Une de mes pieuses tantes vivait autrefois à Hamilton Terrace ; elle n'a jamais pensé que je devrais en arriver là. " Maître ? " "Oui, mon garçon." "Laissons ce gentil gardien de café nous cacher." Nous postulons. « Veux-tu aider deux malheureux messieurs ? "Non, soufflé si je veux." "Pourquoi pas?" « Parce que je suis sur le point de me joindre à la poursuite de toi. » Ah ! C'est reparti, le long de Maida Vale ! Continuer, continuer, Dieu sait comment et où, jusqu'à ce qu'enfin, aucun bruit de poursuite, aucun Cis, aucun souffle, et les premiers bus de Kilburn partant pour la ville. Puis je suis revenu, et pas trop tôt pour la Cour. [*S'approchant du lavabo et se regardant dans le petit miroir, avec un faible gémissement.*] Oh, comme j'ai l'air horrible, et comme je me sens raide et endolori ! [*Enlever son manteau et l'accrocher à une patère, puis se laver les mains.*] Quelle créature faible et double face pour être magistrat ! Je devrais vraiment demander à un député de poser une question à mon sujet à la Chambre. Où est le savon ? Demain, je mettrai cinq livres et frais dans la loge du pauvre. Mais je mérite une prudence des plus sévères. Ah, peut-être que je l'obtiendrai d'Agatha. [*Il enlève sa cravate blanche, l'enroule et la met dans sa poche.*] Quand Wormington arrivera, j'emprunterai de l'argent et j'enverrai chercher une cravate noire ! Tout mon argent de poche est dans mon pardessus à l'Hôtel des Princes. Si la police le saisit, il y a une certaine consolation à savoir que cet argent ne me sera jamais restitué. [*On frappe à la porte.*] Entrez!

LUGG *entre.*

LUGG.

Votre serviteur, M. Wyke, veut vous voir, monsieur

M. POSKET.

Faites-le entrer. [LUGG *sort.*] Wyke! D'Agathe ! D'Agathe !

LUGG *rentre avec* WYKE.

WYKE.

Hum ! Bonjour Monsieur.

M. POSKET.

Bonjour, Wyke. Hum ! Est-ce que Maître Farringdon va bien ?

WYKE.

Il n'était pas encore arrivé à la maison quand je suis parti, monsieur.

M. POSKET.

Oh! Où est ce garçon? [*À* WYKE.] Comment va ta maîtresse ce matin, Wyke ?

WYKE.

Très bien, j'espère, monsieur ; *elle* je ne suis pas encore rentré à la maison non plus.

M. POSKET.

Pas revenue – ni Miss Verrinder ?

WYKE.

Non, monsieur, ni l'un ni l'autre.

M. POSKET.

[*À lui-même.*] Lady Jenkins est pire, ils la soignent toujours ! De bonnes femmes, de vraies femmes !

WYKE.

[*À lui-même.*] Cela a apaisé son vieil esprit trompeur .

M. POSKET.

[*À lui-même.*] Maintenant, si les serviteurs ne me trahissent pas et que Cis revient sain et sauf, le pire est passé. À quelle profondeur je suis tombé lorsque je me réjouis de l'indisposition de Lady Jenkins !

WYKE.

Cook pensait que vous devriez savoir que la maîtresse n'était pas rentrée, monsieur.

M. POSKET.

Certainement. Prenez immédiatement un taxi jusqu'à Campden Hill et ramenez-moi un message à quel point Lady Jenkins est pauvre. Dites à Mme Posket que je viendrai dès que la salle se lèvera.

WYKE.

Oui Monsieur.

M. POSKET.

Et Wyke. Il n'est pas du tout nécessaire que Mme Posket soit au courant de mon absence avec maître Farringdon de chez moi hier soir. Les inquiétudes actuelles de Mme Posket sont plus que suffisantes. Informez Cook, Popham et les autres domestiques que je reconnaîtrai leur discrétion dans le même esprit que j'ai déjà manifesté à votre égard.

WYKE.

[*Avec sarcasme.*] Merci Monsieur. Je vais. [*Il sort de la poche de son gilet un petit paquet d'argent confectionné en journal, qu'il jette sur la table.*] En attendant, monsieur, j'ai pensé que vous aimeriez compter le petit cadeau d'argent que vous m'avez fait hier soir, et au cas où vous penseriez avoir été trop libéral, monsieur, vous pourriez diviser par deux le montant. Ce n'est pas une bonne chose de nous gâter tous, monsieur.

LUGG *entre.*

M. POSKET.

Vous êtes un excellent serviteur, Wyke ; Je suis très content. Je te verrai à ton retour de Lady Jenkins. Être rapide.

WYKE.

Oui Monsieur. [*À lui-même.*] Il ne me donnera plus deux pence à la hâte.

[*Il sort ;* LUGG *est sur le point de le suivre.*

M. POSKET.

Oh, Lugg, je veux que tu ailles chez le bonnetier le plus proche et que tu m'achètes une jolie cravate.

LUGG.

[*Regardant M. Posket avec curiosité* .] Une cravate, monsieur ?

M. POSKET.

Oui. [*Remontant le col de son manteau pour se protéger du regard* DE LUGG .] Une cravate—une cravate.

LUGG.

Quel genre de personne, monsieur ?

M. POSKET.

Oh, un comme celui de M. Wormington.

LUGG.

Un comme celui qu'il porte ce matin, monsieur ?

M. POSKET.

Bien sûr, bien sûr, bien sûr.

LUGG.

[*À lui-même.*] Imaginez qu'il soit jaloux de M. Wormington, maintenant. Très bien, monsieur. Quel prix, monsieur ?

M. POSKET.

Le meilleur. [*À lui-même.*] Voilà, je n'ai plus d'argent. [*Voyant le paquet sur la table.*] Oh, paye-le avec ça, Lugg.

LUGG.

Oui Monsieur.

M. POSKET.

Et garde la monnaie pour tes ennuis.

LUGG.

Merci Monsieur; merci, monsieur, je vous suis très obligé, monsieur. [*À lui-même.*] C'est comme un gentleman libéral.

> [LUGG *sort alors que* M. WORMINGTON
> *entre par les rideaux avec l'acte
> d'accusation à la main.* M.
> WORMINGTON, *en voyant* M.
> POSKET, *rentre avec inquiétude son*

mouchoir de poche dans son col afin de
cacher sa cravate.

M. WORMINGTON.

Hum! Bonjour.

M. POSKET.

Bonjour, Wormington.

M. WORMINGTON.

L' acte d'accusation .

M. POSKET.

Asseyez-vous.

[M. WORMINGTON *met ses lunettes ;* M.
POSKET *tente également de mettre ses*
lunettes, mais se blesse à l'arête du nez,
grimace et s'abstient.

M. POSKET.

[*À lui-même.*] Mon nez est extrêmement douloureux. [*À* M. WORMINGTON.] Tu as un gros rhume, j'en ai peur, Wormington... bronchique ?

M. WORMINGTON.

Hum ! Eh bien, ah, le fait est que vous avez peut-être remarqué à quel point les nuits sont très fraîches.

M. POSKET.

Très très.

M. WORMINGTON.

La seule façon de maintenir la circulation est de courir aussi vite que possible.

M. POSKET.

Courir – aussi vite que l'on peut – oui, tout à fait.

M. WORMINGTON.

[*Pour lui-même, regardant le devant de la chemise* DE M. POSKET .] Comme c'est extraordinaire : il ne porte aucune cravate !

M. Posket.

[*Boutonnant son manteau pour éviter le regard* DE M. Wormington .] Quelque chose d'important ce matin ?

M. Wormington.

Rien de particulier après la première accusation, affaire sérieuse née de la perquisition de l'Hôtel des Princes.

M. Posket.

[*Démarrage.*] « Hôtel des Princes ?

M. Wormington.

L'inspecteur Messiter a trouvé six personnes en train d'y souper à une heure du matin. Deux ont réussi à s'échapper.

M. Posket.

Mon Dieu, je suis surpris, je veux dire, n'est-ce pas ?

M. Wormington.

Mais ils ont laissé leurs pardessus derrière eux et on pense qu'ils seront retrouvés.

M. Posket.

Oh, est-ce que tu... penses-tu que cela en vaut la peine ? La police a beaucoup à occuper en ce moment.

M. Wormington.

Mais si la police trouve le moyen d'arrêter quelqu'un, nous ferions mieux de ne lever aucun obstacle.

M. Posket.

Non, non, tout à fait vrai, cela ne m'a jamais frappé.

M. Wormington.

[*Se référant à l'acte d'accusation.*] Il a été jugé nécessaire de placer les quatre autres en garde à vue.

M. Posket.

Bonne grace! Quel bon travail les deux autres n'ont pas attendu. Je vous demande pardon – je veux dire – vous dites que nous en avons quatre ?

M. WORMINGTON.

Oui, sous l'accusation d'entrave à la police. La première agression a eu lieu dans la salle à manger, la seconde dans le fiacre à quatre roues qui se dirigeait vers la gare. Il y avait alors cinq personnes dans le taxi : les deux femmes, les deux hommes et l'inspecteur.

M. POSKET.

Cher moi, ça a dû être une agression très compliquée. Qui sont les malheureux ?

M. WORMINGTON.

Les hommes occupent une certaine position. [*Lecture.*] «Alexandre Loukyn , colonel»————

M. POSKET.

Lucyn ! Je—je—connais le colonel Lukyn ; nous sommes de vieux camarades de classe.

M. WORMINGTON.

Très triste! [*Lecture.*] L'autre est « Horace, etc. etc. Vale... Capitaine... Fusiliers du Shropshire.

M. POSKET.

Et les dames ?

M. WORMINGTON.

Se font appeler « Alice Emmeline Fitzgerald et Harriet Macnamara ».

M. POSKET.

[*À lui-même.*] Quelle est la dame qui était sous la table avec moi ?

M. WORMINGTON.

Ils ne sont pas reconnus par la police pour l'instant, mais ils fournissent des adresses erronées et leur comportement est généralement violent et insatisfaisant.

M. POSKET.

[*À lui-même.*] Qui m'a pincé : Alice ou Harriet ?

M. WORMINGTON.

Si je mentionne ce cas, c'est parce qu'il semble appeler des mesures très strictes.

M. POSKET.

Une amende et un avertissement sévère de la part de la magistrature ne seraient-ils pas adressés aux deux personnes qui se sont enfuies...

M. WORMINGTON.

Je crois que non. Pensez, M. Posket, non seulement à défier les lois sur les permis, mais aussi à faire obstacle au fonctionnement de la police !

M. POSKET.

C'est vrai : il est difficile, quand la police fait quelque chose, d'être gênée.

LUGG *entre.*

LUGG.

[*Tentant de cacher une certaine contrariété.*] Votre cravate, monsieur.

M. POSKET.

S- chut !

M. WORMINGTON.

[*À lui-même.*] Puis il *est venu* sans, mon cher!

LUGG.

[*Posant un paquet de papier sur la table.*] Aussi proche que possible de celui de M. Wormington – plus brillant, voire quelque chose.

M. POSKET.

[*Ouvrant le colis et trouvant un foulard très commun et voyant .*] Bonne grace! Quelle horrible affaire !

LUGG.

D'après mes informations, monsieur, comme celles de M. Wormington.

M. POSKET.

M. Wormington ne serait jamais vu dans une couleur aussi abominable .

M. WORMINGTON.

Eh bien… vraiment… Je … [*Retirant le mouchoir de sa gorge.*] Je suis désolé.

M. POSKET.

Mon cher Wormington !

M. WORMINGTON.

Il se trouve que je porte quelque chose de similaire – la première fois depuis vingt-cinq ans.

M. POSKET.

Oh, je vous demande pardon. [*À lui-même.*] Tout semble contre moi.

LUGG.

Il est un et neuf heures, monsieur. [*Il produit le paquet de papier rempli d'argent et le pose sur la table.*] Et j'ai ramené tout l'argent que tu m'as donné, pensant que tu aimerais le feuilleter tranquillement. Vraiment, monsieur, je ne me suis jamais montré plus petit dans aucun magasin de toute ma vie !

M. POSKET.

Sur ma parole. D'abord un, puis un autre ! Quel *est* le problème avec l'argent. [*Ouvre le paquet.*] Deux pence ! [*À lui-même.*] Cet homme Wyke dira tout à Agatha ! Oh, tout est contre moi.

> [LUGG *a ouvert la porte, pris une carte de quelqu'un à l'extérieur et l'a remise à* M. WORMINGTON.

M. WORMINGTON.

De la cellule n°3.

> [*Remise de la carte à* M. POSKET.

M. POSKET.

[*Lecture.*] « Cher Posket, pour l'amour du Dieu, voyez-moi avant l'audience de la Cour. Alexandre Loukyne . » Pauvre cher Loukyn ! Que dois-je faire ?

M. WORMINGTON.

Une telle démarche serait tout à fait inhabituelle.

M. POSKET.

Tout est inhabituel. Votre cravate est inhabituelle. Ce prisonnier est invité à dîner chez moi aujourd'hui, c'est curieux. Il est le parrain du seul enfant du premier mari de ma femme, ce qui sort un peu de l'ordinaire.

M. WORMINGTON.

L'accusation est tellement grave !

M. POSKET.

Mais je suis un homme aussi bien qu'un magistrat, conseillez-moi, Wormington, conseillez-moi !

M. WORMINGTON.

Eh bien, vous pouvez demander à vous-même l'autorisation d'accéder à la demande du colonel Lukyn .

M. POSKET.

[*Griffonnant à la hâte sur la carte* DE LUKYN .] Oui – je le fais – et après de nombreux débats contradictoires, j'accepte de voir le colonel Lukyn ici, immédiatement. [*Remettre la carte à* M. WORMINGTON *qui la passe à* LUGG, *qui ensuite sort.*] Ne me quitte pas, Wormington, tu dois rester à mes côtés pour veiller à ce que je reste calme, ferme et judiciaire. [*Il met précipitamment la cravate rouge, en désordre.*] Pauvre Lukyn , je dois couler l'ami dans le magistrat et, en traitant de ses erreurs, m'appliquer le fléau. [*À* M. WORMINGTON.] Wormington, tape-moi sur l'épaule quand j'ai tendance à être plus inhabituel que d'habitude.

> [M. WORMINGTON *se tient derrière lui et* LUGG *entre avec* LUKYN . *Les vêtements* DE LUKYN SONT TRÈS SALES ET EN DÉSORDRE, ET LUI AUSSI A UNE PETITE BANDE DE PLÂTRE SUR L'ARÊTE DU NEZ. Il y a une pause contrainte,* LUKYN *et* M. POSKET *toussent tous les deux.*

LOUKYNE .

[*À lui-même.*] Pauvre Posket !

M. POSKET.

[*À lui-même.*] Pauvre Loukyn !

LOUKYNE .

[*À lui-même.*] Je suppose qu'il a veillé pour sa femme toute la nuit, pauvre diable ! [*À* M. POSKET.] Hum ! Comment vas-tu, Posket?

> [M. WORMINGTON *touche l'épaule* DE M. POSKET .

M. POSKET.

Je regrette de vous voir dans cette terrible situation, Colonel Lukyn .

LOUKYNE .

Par George, mon vieux, je regrette de m'y retrouver. [*Assis et prenant le journal.*] Je suppose qu'ils nous ont dans le « Times », confondez- les !

> [*Pendant que* LUKYN *lit le journal,* M. POSKET *et* M. WORMINGTON *organisent une consultation précipitée concernant* LES PROPOSITIONS DE LUKYN. *comportement* .

M. POSKET.

Hum! [*À* LUGG.] Sergent, je pense que le colonel Lukyn pourrait bénéficier d'une chaise.

LUGG.

Il est dedans, monsieur.

LOUKYNE .

[*Se lever et poser le papier.*] Je vous demande pardon, j'ai oublié où j'étais. Je suppose que tout doit être formel dans ce foutu endroit ?

M. POSKET.

Je crains, colonel Loukyn , qu'il soit nécessaire, même ici, de préserver strictement nos malheureuses positions relatives. [LOUKYN *s'incline.*] Asseyez-vous. [LUKYN *se rassied.* POSKET *prend l'acte d'accusation.*] Colonel Loukyn ! En m'adressant à vous maintenant, je parle non pas en tant qu'homme, mais en tant qu'instrument de la loi. En tant qu'homme, je peux, ou non, être une créature faible, vicieuse et méprisable.

LOUKYNE .

Certainement, bien sûr.

M. POSKET.

Mais, en tant que magistrat, je dois dire que vous me remplissez de douleur et d'étonnement.

LOUKYNE.

C'est tout à fait vrai : chacun à son métier, continuez, Posket.

M. POSKET.

[*Tournant sa chaise pour faire face à* LUKYN .] Alexandre Loukyn — quand je te regarde — quand je te regarde ——— [*Il essaie de mettre ses lunettes.*] Ah, mon nez. [*À* LOUKYN .] Dis-je, quand je te regarde, Alexandre Loukyn , je suis confronté à un spectacle des plus tristes. Un officier militaire, formé aux méthodes de la discipline et de l'intelligence, maintenant, à la suite de ses propres méfaits, lamentablement meurtri et battu, honteusement défiguré par le plâtre, avec ses vêtements souillés et endommagés - autant de preuves terribles d'un conflit avec ce pouvoir dont Je suis le représentant.

LOUKYNE.

[*Tournant sa chaise pour faire face à* M. POSKET.] Eh bien, Posket, si l'on en arrive à cela, quand je te regarde, quand je te regarde — [*Il essaie de fixer son verre dans son œil.*] Confondre mon nez ! [*À* M. POSKET.] Quand je te regarde, *tu* n'es pas un objet très imposant, ce matin.

M. POSKET.

Lucyn !

LOUKYNE.

Vous avez l'air aussi fragile que moi — et vous n'êtes pas tout à fait innocent du plâtre judiciaire.

M. POSKET.

Lucyn ! Vraiment!

LOUKYNE.

Et en ce qui concerne notre tenue vestimentaire, nous n'avons ni l'un ni l'autre l'air d'être sortis d'une boîte à musique.

M. POSKET.

Non, Lukyn , non ! Merci de respecter mon statut juridique ! [M. WORMINGTON *ramène* M. POSKET, *qui s'est levé, à son siège.*] Merci,

Wormington. Alexandre Loukyn , j'ai parlé. Il ne vous reste plus qu'à exposer les motifs qui vous poussent à solliciter cet entretien douloureux.

LOUKYNE .

Certainement! Hum! Vous savez bien sûr que je ne suis pas seul dans cette affaire ?

M. POSKET.

[*Se référant à l'acte d'accusation.*] Trois personnes semblent être accusées de vous.

LOUKYNE .

Oui. Deux autres ont pris la fuite. Lâches! Si jamais je les trouve, je les détruirai !

M. POSKET.

Lucyn !

LOUKYNE .

Je vais! Un autre travail pour toi, Posket.

M. POSKET.

[*Avec dignité.*] Je vous demande pardon, dans le cas d'un événement aussi déplorable, je n'occuperais pas mon poste actuel. Allez, monsieur.

LOUKYNE .

Horace Vale et moi sommes prêts à supporter le poids de nos méfaits. Mais Posket, il y a des dames dans cette affaire.

M. POSKET.

Dans les annales du tribunal de police de Mulberry Street, une telle circonstance n'est pas sans précédent.

LOUKYNE .

Deux dames désespérées et sans défense.

M. POSKET.

[*Se référant à l'acte d'accusation.*] Alice Emmeline Fitzgerald et Harriet Macnamara. Oh, Lucyn , Lucyn !

LOUKYNE .

Caca! Je ne demande aucune faveur pour moi ou pour Vale, mais je viens vers vous, Posket, pour vous supplier d'utiliser votre pouvoir pour libérer ces deux dames sans délai.

[M. WORMINGTON *touche l'épaule* DE M. POSKET .

M. POSKET .

Sur ma parole, Loukyn ! Pensez-vous que je dois être miné ?

LOUKYNE .

Sapez le diable, monsieur ! Ne me parle pas ! Laissez partir ces dames, dis-je ! Ne les amenez pas au tribunal, ne voyez pas leurs visages, n'entendez pas leurs voix, si vous le faites, vous le regretterez !

M. POSKET .

Colonel Loukyn !

LOUKYNE .

[*Se penchant par-dessus la table et saisissant* M. POSKET *par l'épaule.*] Posket, savez-vous qu'une de ces dames est une femme mariée ?

M. POSKET .

Bien sûr que non, monsieur. Je rougis de l'entendre.

LOUKYNE .

Et savez-vous qu'à partir du moment où cette dame mariée entre dans votre maudite cour, le bonheur, le contentement d'un mari adoré, deviennent une maudite épave et une ruine ?

M. POSKET .

Alors, monsieur, que ce soit ma tâche pénible d'ouvrir les yeux de cet homme insensé et passionné sur la trahison, la perfidie, qui se niche au cœur même de son cœur !

LOUKYNE .

Oh, mon Dieu ! Attention, Posket ! Par Georges, fais attention !

M. POSKET .

Alexander Lukyn , tu es mon ami. Parmi les effets personnels qui vous ont été confisqués lorsque vous êtes entré dans cette enceinte, on a peut-être trouvé un mémoire d'engagement à dîner chez moi ce soir à huit heures moins le quart. Mais, Lukyn , je te prépare solennellement, tu risques d'être en retard pour le dîner ! Je vais plus loin : je ne suis pas sûr, après les débats de ce matin, que Mme Posket sera prête à vous recevoir.

LOUKYNE .

Je suis absolument certain qu'elle *ne le fera pas !*

M. POSKET.

Par conséquent, Lukyn , en tant que mari et père anglais, il sera de mon devoir de vous enseigner, à vous et à vos compagnes peu recommandables [*se référant à l'acte d'accusation*], Alice Emmeline Fitzgerald et Harriet Macnamara, quelques notions rudimentaires de convenance et de décorum.

LOUKYNE .

Vous êtes confus, Posket, écoutez !

M. POSKET.

J'écoute, monsieur, la voix directrice de Mme Posket, cette nouvelle épouse rougissant encore de l'embarras de son second mariage, et cette voix dit : « Frappez pour le caractère sacré du foyer et de la maison, pour le crédit du épouses d'Angleterre… pas de pitié !

M. WORMINGTON.

Il est temps d'aller au tribunal, monsieur. L'accusation portée contre le colonel Lukyn figure en première position sur la liste.

LOUKYNE .

Posket, je te donne une dernière chance ! Si j'écris sur un bout de papier les vrais noms de ces deux malheureuses dames, voulez-vous vous enfermer un instant, à l'abri des regards, et lire ces noms avant d'entrer au tribunal ?

M. POSKET.

Certainement pas, colonel Loukyn ! Je ne peux pas me laisser influencer par des informations privées dans le traitement d'un délit qui est, à mon avis, aussi noir que… comme ma cravate ! Hum !

[M. WORMINGTON *et* M. POSKET *se regardent mutuellement et remontent leur col à la hâte.*

LOUKYNE .

[*À lui-même.*] Il n'y a aucune aide pour cela. [*À* M. POSKET.] Alors Posket, vous devez avoir la pure vérité là où vous en êtes, par George ! Les deux dames qui sont mes compagnes dans cette affaire sont...

M. POSKET.

Sergent! Le colonel Lukyn va désormais rejoindre son groupe.

[LUGG s'approche brusquement de LUKYN .

LOUKYNE .

[*Bouillant d'indignation.*] Quoi Monsieur? Quoi?

M. POSKET.

Lukyn , je pense que nous avons tous les deux des fiançailles. Veux-tu m'excuser ?

LOUKYNE .

Posket! Vous êtes allé trop loin! Si vous vous mettiez à genoux, ce que vous semblez avoir fait récemment, et suppliiez les noms de ces deux dames, vous ne devriez pas les avoir ! Non monsieur, par George, vous ne devriez pas.

M. POSKET.

Bonjour, Colonel Lukyn .

LOUKYNE .

Vous m'avez fait la leçon, m'avez fait caca, m'avez snobé — un soldat, monsieur — un soldat ! Mais quand je pense à votre dîner de ce soir, avec ma chaise vide, comme Banquo, par George, monsieur, et le plat principal composé d'un squelette de famille bien doré et bien arrosé, servi sous la meilleure argenterie. couverture, je te plains, Posket ! Bonjour!

[Il sort avec LUGG.

M. POSKET.

Ah ! Dieu merci, cette épreuve est passée. Maintenant, Wormington, je pense que je suis prêt à affronter les tâches de la journée ! Allons-nous au tribunal ?

M. WORMINGTON.

Bien sûr Monsieur.

[M. WORMINGTON *ramasse les papiers sur
la table.* M. POSKET , *d'une main
tremblante, verse de l'eau de la carafe
et des boissons.*

M. POSKET.

Mon petit déjeuner. [*À* M. WORMINGTON.] J'espère avoir défendu le
caractère sacré du foyer de l'Anglais, Wormington ?

M. WORMINGTON.

Vous l'avez effectivement fait. En tant qu'homme marié, je vous
remercie.

M. POSKET.

Donne-moi ton bras, Wormington ! Je ne me sens pas très bien ce matin
et cet entretien avec le colonel Lukyn m'a secoué. Je pense que le col de ton
manteau est relevé, Wormington.

M. WORMINGTON.

Le vôtre aussi, je suppose, monsieur.

M. POSKET.

Hum !

[*Ils baissent leur col ;* M. POSKET *prend le
bras* DE M. WORMINGTON . *Ils se
dirigent vers les rideaux quand*
WYKE *entre précipitamment par la
porte.*

WYKE.

Excusez-moi monsieur.

M. WORMINGTON.

Faire taire! faire taire! M. Posket vient juste d'entrer au tribunal.

WYKE.

Lady Jenkins m'a renvoyé pour vous dire qu'elle n'a pas vu la miss depuis
une semaine ou plus.

M. POSKET.

Mme Posket est allée à Campden Hill avec Miss Verrinder hier soir !

WYKE.

Ils ne sont pas arrivés là-bas, monsieur.

M. POSKET.

Je ne suis pas arrivé !

WYKE.

Non, monsieur, et même un véhicule lent à quatre roues n'en tiendra pas compte.

M. POSKET.

Wormington! il y a quelque chose de faux! Mme Posket a quitté une maison assez heureuse hier soir et n'a plus été revue ni entendu parler depuis !

M. WORMINGTON.

Ne vous inquiétez pas, monsieur, la Cour attend.

M. POSKET.

Mais je suis anxieux ! Dites au sergent Lugg de consulter le registre des accidents, les rapports de l'hôpital de ce matin, la liste des enfants disparus, les promesses suspectes que les gens ont laissées à la charge de la paroisse, faites attention aux fixations de vos fenêtres... ! Je… je… Wormington, Mme Posket et moi n'étions pas d'accord hier soir.

M. WORMINGTON.

N'y pensez pas, monsieur ! vous devriez m'entendre, moi et Mme Wormington ! Je vous en prie, venez au tribunal.

M. POSKET.

Tribunal! Je suis totalement inapte aux affaires ! totalement impropre aux affaires !

[M. WORMINGTON *l'emmène à travers les rideaux.* LUGG *entre, presque essoufflé.*

LUGG.

Nous en avons un dans le Dock, tous les quatre . [*Voyant* WYKE.] Bonjour ! tu es de retour!

WYKE.

Oui, il semble que oui. [*Ils se font face et s'épongent le front avec leurs mouchoirs.*] Phew! tu as l'air chaleureux.

LUGG.

Phew! tu n'as pas l'air si cool.

WYKE.

Je m'occupais de deux dames.

LUGG.

Moi aussi .

WYKE.

les ai pas trouvés .

LUGG.

Si j'avais su, j'aurais été ravi de vous prêter nos deux.

[*De l'autre côté des rideaux, on entend le cri d'* AGATHA POSKET *et* DE CHARLOTTE.

WYKE.

Lor'! Qu'est ce que c'est!

LUGG.

C'est *nos* deux. Ne les remarquez pas, ce sont des hystériques . Ils sont désormais doux par rapport à ce qu'ils ont été. Dis-je, mon vieux, ton patron va bien dans sa tête ?

WYKE.

Je suppose que oui, pourquoi ?

LUGG.

J'ai une raison particulière de demander. Vous a-t-il déjà dit de lui acheter quelque chose et de garder la monnaie ?

WYKE.

Que veux-tu dire ?

LUGG.

Eh bien, est-ce qu'il vous arrive de vous trouver beau grâce à vos efforts excessifs ? Avez-vous déjà reçu des conseils ?

WYKE.

Plutôt. Que crois-tu qu'il m'a fait cadeau hier soir ?

LUGG.

Je ne sais pas.

WYKE.

Deux pence – pour acheter un nouveau parapluie.

LUGG.

Eh bien, je suis béni! Et il m'a donné la même somme pour lui acheter une cravate en soie. À mon avis, il a un ramollissement cérébral. [*Un autre cri des deux femmes, un cri de* M. POSKET, *puis un brouhaha se font entendre. Courir vers les rideaux et regarder à travers.*] Bonjour ! qu'est-ce qui ne va pas? Ici! Je vous l'ai bien dit : il est évadé, il est évadé.

WYKE.

Qui s'est évadé ?

LUGG.

Le fou. Restez en retrait, je suis recherché.

[*Il traverse les rideaux.*

WYKE.

[*Je m'occupe de lui.*] Regardez le gouverneur qui agite les bras et s'en prend n'importe comment aux prisonniers ! Les prisonniers! Mon Dieu, c'est la mademoiselle !

[*Au milieu d'un bruit de voix confus,* M.
POSKET *est amené, à travers les*
rideaux, par M. WORMINGTON.
LUGG *le suit.*

M. POSKET.

Wormington! Wormington! les deux dames ! les deux dames ! Je les connais!

M. WORMINGTON.

Tout va bien, monsieur, tout va bien, ne vous inquiétez pas, monsieur !

M. POSKET.

Je ne suis pas bien; que dois-je faire ?

M. WORMINGTON.

Rien de plus, monsieur. Ce que vous avez fait est tout à fait en forme.

M. POSKET.

Qu'ai -je fait ?

M. WORMINGTON.

Oui, monsieur, vous avez fait exactement ce que je vous ai suggéré : vous m'avez retiré les mots. Ils ont plaidé coupable.

M. POSKET.

Coupable!

M. WORMINGTON.

Oui, monsieur, et vous les avez condamnés.

M. POSKET.

Je les ai condamnés ! Les dames!

M. WORMINGTON.

Oui Monsieur. Vous leur avez donné sept jours, sans possibilité d'amende.

> [M. POSKET *s'effondre dans les bras* DE M. WORMINGTON .

LA DEUXIÈME SCÈNE.

La scène change pour le salon DE M. POSKET , COMME AU PREMIER ACTE.

BEATIE *entre timidement, vêtue d'un simple costume de marche.*

BÉATIE.

Comme c'est terriblement tôt. Onze heures, et je ne suis pas censé venir avant quatre heures. Je me demande pourquoi je veux instruire Cis toute la journée. Je ne suis pas aussi enthousiasmé par les deux petites filles à qui j'enseigne à Russell Square.

POPHAM *entre. Ses yeux sont rouges comme à force de pleurer.*

POPHAM.

[*Je repense à ma rencontre avec* BEATIE.] Encore ce musicien. Je vous demande pardon, je n'ai pas d'instructions pour préparer un salon pour aucune leçon avant quatre heures.

BÉATIE.

Je souhaite voir Mme Posket.

POPHAM.

Elle n'est pas rentrée à la maison.

BÉATIE.

Oh alors… euh… euh… Maître Farringdon fera l'affaire.

POPHAM.

[*En larmes.*] Il n'est pas rentré non plus !

BÉATIE.

Oh, où est-il ?

POPHAM.

Personne ne sait! Son méchant vieux beau-père l'a emmené tard hier soir et ne l'a pas rendu. C'était une telle nuit aussi, et il portait toujours ses sous-gilets d'été.

BÉATIE.

M. Posket ?

POPHAM.

M. Posket, non, mon Cis !

BÉATIE.

Comment osez-vous parler de Maître Farringdon de cette manière familière ?

POPHAM.

Comment oserais-je ? Parce que lui et moi avons formé un attachement avant que vous n'obscurciez nos portes. [*Sortant de sa poche un papier imprimé plié.*] Vous risquez de poser l'anguille de fer trop lourde, Miss Tomlinson. Je vous renvoie à *Bow Bells* : « Le premier amour est le meilleur amour ; ou, Le choix du comte.

> [*Alors que* POPHAM *propose le journal,* CIS *entre, l'air très pâle, épuisé et échevelé* .

POPHAM ET BÉATIE.

Oh!

CIS.

[*Tibétain jusqu'à une chaise.*] Où est le maître ?

POPHAM.

Pas encore à la maison.

CIS.

Merci Giminy !

BÉATIE.

Il est malade!

POPHAM.

Oh!

> [BEATIE, *assistée de* POPHAM, *fait avancer rapidement le grand fauteuil, ils attrapent* CIS *et l'y placent, il se soumet mollement.*

BÉATIE.

[*Prenant la main* DE CIS .] Qu'y a-t-il, Cis chérie ? Dites-le à Béatie.

POPHAM.

[*Lui prenant l'autre main.*] Eh bien, j'en suis sûr ! Qui t'a donné des raisins secs et du ketchup du placard du magasin ? Revenez à Emma!

> [CIS, *les yeux fermés, murmure.*

BÉATIE.

Il murmure !

> [*Ils baissent tous les deux la tête pour écouter.*

POPHAM.

Il dit que sa tête tourne.

BÉATIE.

Mettez-le sur le canapé.

[*Ils lui ôtent ses bottes, desserrent sa cravate et
lui tamponnent le front avec de l'eau
tirée d'un vase à fleurs.*

CIS.

Je—je—j'aimerais que vous deux, les filles, arrêtiez de parler.

BÉATIE.

Il parle à nouveau. Il n'a pas pris de petit-déjeuner ! Il a faim!

POPHAM.

Affamé! Je pensais qu'il avait l'air mince ! Attends une minute, chérie !
Emma Popham sait de quoi son garçon a envie !

[*Elle sort de la pièce en courant.*

CIS.

Oh, Beatie, tiens-moi la tête pendant que je te demande quelque chose.

BÉATIE.

Oui chérie!

CIS.

Aucune dame n'épouserait un gentleman qui avait été un condamné,
n'est-ce pas ?

BÉATIE.

Non; certainement pas!

CIS.

Je ne pensais pas! Eh bien, Beatie, j'ai été poursuivie par un policier.

BÉATIE.

[*Le quittant.*] Oh!

CIS.

Pas attrapé, vous savez, il suffit de courir après ; et, en rentrant de Hendon ce matin, je suis arrivé à la conclusion que je devrais m'installer dans la vie. Beatie, puis-je rédiger un papier promettant de t'épouser quand j'aurai vingt et un ans ?

BÉATIE.

Ne soyez pas un garçon idiot, bien sûr que vous le pourriez.

CIS.

Alors je le ferai; et quand j'aurai envie de faire une folie, je penserai à ce journal et je dirai : « Cis Farringdon, si jamais tu es enfermé, tu perdras la plus belle fille du monde. »

BÉATIE.

Et c'est ce que vous ferez.

[*Il se dirige vers le bureau.*

CIS.

Je ferais mieux de l'écrire maintenant, avant que ma tête ne se rétablisse.

[*Il écrit; elle se penche sur lui.*

BÉATIE.

Espèce de simple et d'idiot, Cis ! Si votre tête est si bizarre, dois-je vous dire quoi dire ?

POPHAM *entre, portant un plateau avec des plats pour le petit-déjeuner.*

POPHAM.

[*À elle-même.*] Il ne pensera plus autant à *elle* maintenant. Son petit-déjeuner est mon triomphe. [*À* CIS.] Du café, du bacon et un gâteau au thé.

BÉATIE.

Faire taire! Maître Farringdon écrit quelque chose de très important.

POPHAM.

[*Je me dirige vers la fenêtre.*] C'est un taxi à notre porte.

CIS.

Ce doit être le problème, je m'en vais !

[*Il ramasse ses bottes et sort rapidement.*

BÉATIE.

[*Le suivant avec le papier et l'encrier.*] Cis! Cis! Vous n'avez pas tenu la promesse ! Vous n'avez pas tenu la promesse !

LUGG.

[*Entendu dehors.*] Très bien, monsieur, je vous ai, je vous ai.

[POPHAM *ouvre la porte.*

POPHAM.

Le maître et un policier ! [LUGG *entre en soutenant* M. POSKET *qui s'enfonce dans un fauteuil avec un gémissement.*] Oh, qu'est-ce qu'il y a ?

LUGG.

Très bien, ma gentille fille, tu cours en bas chercher une goutte de cognac et d'eau.

M. POSKET.

[*Je me dépêche.*] Oh!

LUGG.

Ne vous engagez pas ainsi, monsieur. C'est ce qui pourrait arriver à n'importe quel homme marié. Maintenant, vous allez bien maintenant, monsieur. Et je vais me dépêcher de retourner à la Cour pour voir s'ils ont fait venir M. Bullamy .

M. POSKET.

Ma femme! Ma femme!

LUGG.

Oh, voyons, monsieur, qu'est-ce que *sept* jours ! Pourquoi beaucoup d'hommes mariés dans votre situation, monsieur, auraient été heureux d'avoir atteint quatorze ans.

M. POSKET.

Va-t'en, laisse-moi.

LUGG.

Bien sûr Monsieur. [POPHAM *rentre avec un petit verre de cognac et d'eau ; il le lui prend et le boit.*] Ce n'est pas voulu. Je suis reconnaissant de dire qu'il va mieux.

POPHAM.

[*À* LUGG.] S'il vous plaît, la cuisinière lui présente ses compliments, et elle serait heureuse du plaisir de votre compagnie en bas, avant de partir .

[*Ils sortent.*

M. POSKET.

Agathe et Loukyn ! Agatha et Lukyn soupaient ensemble à l'Hôtel des Princes, pendant que j'étais chez moi et que je dormais — alors que j'aurais dû être chez moi et dormir ! C'est affreux!

CIS.

[*Regardant la porte et entrant.*] Bonjour, Maître !

M. POSKET.

[*Démarrage.*] Cis!

CIS.

Où êtes-vous allé chercher, Guv ?

M. POSKET.

Où est-ce que je suis allé chercher ! Misérable garçon ! J'ai récupéré Kilburn, et je vous donnerai un bon coup de fouet quand j'aurai retrouvé mon calme.

CIS.

Pourquoi?

· M. POSKET.

Pour m'avoir induit en erreur, monsieur. C'est la première mauvaise compagnie que j'ai jamais formée ! Une mauvaise communication avec vous, monsieur, m'a corrompu ! [*Prenant* CIS *par le col et le secouant.*] Pourquoi m'as-tu abandonné à Kilburn ?

CIS.

Parce que vous aviez fini, et j'ai bifurqué pour éloigner la foule de vous après moi.

M. POSKET.

C'est vrai, Cis, c'est vrai ? [*Posant sa main sur l'épaule* DE CIS .] Mon garçon, mon garçon ! Oh, Cis, nous avons tellement de problèmes !

CIS.

Vous n'avez pas été attrapé, Guv ?

M. POSKET.

Non, mais savez-vous qui sont ces dames qui soupaient à l'Hôtel des Princes ?

CIS.

Non, n'est-ce pas ?

M. POSKET.

Est ce que je? C'étaient ta mère et tante Charlotte.

CIS.

La mère et tante Charlotte ! Hahaha! [*Rire et danser avec délice.*] Ha! Ha! Oh, dis-je, Guv , quelle alouette !

M. POSKET.

Une alouette ! Ils ont été emmenés au commissariat !

CIS.

[*Changeant de ton.*] Ma mère?

M. POSKET.

Ils ont été traduits devant le magistrat et condamnés.

CIS.

Condamné ?

M. POSKET.

À sept jours d'emprisonnement.

CIS.

Oh!

[*Il met violemment son chapeau.*

M. POSKET.

Qu'est-ce que tu vas faire?

CIS.

Faites sortir ma mère d'abord, puis brisez tous les os du corps de ce magistrat.

M. POSKET.

Cis! Cis! c'est un malheureux et il a fait son devoir.

CIS.

Son devoir ! Envoyer la femme d'un autre magistrat en prison ! Maître , je ne suis qu'un garçon, mais je sais ce qu'est l'étiquette professionnelle ! Venez ! Quel est le commissariat ?

M. POSKET.

Rue du Mûrier.

CIS.

Qui est le magistrat ?

M. POSKET.

Je suis!

CIS.

Toi! [*Saisissant* M. POSKET *par le col et le secouant.*] Tu oses enfermer ma mère ! Viens avec moi et fais-la sortir !

> [*Il entraîne* M. POSKET *vers la porte, lorsque*
> M. BULLAMY *entre, essoufflé.*

M. BULLAMY .

Mon cher Posket !

CIS.

[*Saisissant* M. BULLAMY *et le traînant avec* M. POSKET *jusqu'à la porte.*] Viens avec moi et fais sortir ma mère.

M. BULLAMY .

Laissez-moi tranquille, monsieur ! Elle *est* sortie ! J'ai réussi.

M. POSKET ET CIS.

[*Ensemble.*] Comment?

M. BULLAMY .

Wormington m'a envoyé quand tu es tombé malade. Quand je suis arrivé à la Cour, il avait découvert, grâce à votre domestique, la situation épouvantable de Mme Posket.

CIS.

Tu laisses ma mère tranquille ! Continue!

M. BULLAMY .

Je me suis dit : "Ça ne va pas, je dois dégager ces gens d'une manière ou d'une autre !" [*À* M. POSKET.] Je ne suis pas aussi consciencieux que toi, Posket.

CIS.

Bravo! Continue!

M. BULLAMY .

[*Réalisation de sa boîte de jujube.*] La première chose que j'ai faite a été de prendre un jujube.

CIS.

[*Lui arrachant la boîte de jujube.*] Allez-vous vous dépêcher ?

M. BULLAMY .

Puis j'ai dit à Wormington : « Posket n'était *pas mental* lorsqu'il a entendu cette affaire – je vais rouvrir l'affaire !

CIS.

Hourra!

M. BULLAMY .

Et j'ai fait! Et que pensez-vous que j'ai appris du propriétaire de l'hôtel !

M. POSKET ET CIS.

Quoi?

M. BULLAMY .

Que ce jeune coquin, M. Cecil Farringdon, loue une chambre à l'Hôtel des Princes.

CIS.

Je sais que.

M. BULLAMY .

Et que M. Farringdon était là hier soir avec un petit agent de change du nom de Skinner.

CIS.

Continuez, continuez ! [*Lui offrant la boîte de jujube.*] Prends un jujube !

M. BULLAMY .

[*Prendre un jujube.*] Or la loi, qui me paraît tout à fait parfaite, permet à un homme qui loue un petit appartement dans une auberge de manger et de boire toute la nuit avec ses amis.

CIS.

Bien?

M. BULLAMY .

Ainsi dis-je du banc : « Ces dames et messieurs semblent être des amis ou des parents d'un certain pensionnaire de l'Hôtel des Princes. ' »

CIS.

Alors ils le sont !

M. BULLAMY .

"Ils ont tous été découverts dans une seule pièce."

M. POSKET.

Alors nous étions… je veux dire, alors eux l'étaient !

M. BULLAMY .

"Et j'ajournerai l'affaire pendant une semaine pour donner à M. Farringdon l'occasion de considérer ces personnes comme ses invités."

CIS.

Bravo pour Bullamy .

M. BULLAMY .

donc blâmé la police pour son ingérence et j'ai relâché les dames sous leur propre engagement .

M. POSKET.

[*Prenant la main de* M. BULLAMY .] Et les hommes ?

M. BULLAMY .

Eh bien, malheureusement, Wormington a pris sur lui d' envoyer les hommes à la maison de correction avant mon arrivée.

M. POSKET.

J'en suis content ! Ce sont des méchants dissolu ! J'en suis content.

POPHAM *entre.*

POPHAM.

Oh, monsieur ! Voici la missis et Miss Verrinder ! Dans une telle situation !

CIS.

La mère ! Maître , expliquez-vous !

[*Il sort en toute hâte.* M. POSKET *se retire rapidement dans l'embrasure de la fenêtre.* AGATHA POSKET *et* CHARLOTTE *entrent, pâles, les yeux rouges et agitées.* POPHAM *sort.*

AGATHA POSKET ET CHARLOTTE.

[*Tombant sur les épaules de* M. BULLAMY .] O—o—h—h !

M. BULLAMY .

Mes chères dames !

AGATHE POSKET.

Conservateur !

CHARLOTTE.

Ami!

AGATHE POSKET.

Comment va mon garçon ?

M. BULLAMY.

Jamais mieux.

AGATHE POSKET.

Et l'homme qui a condamné sa femme et sa belle-sœur aux misères de la prison !

M. BULLAMY.

Hum ! Posket—oh—il———

AGATHE POSKET.

Est-il assez bien pour qu'on lui dise ce que sa femme pense de lui ?

M. BULLAMY.

Cela pourrait provoquer une rechute !

AGATHE POSKET.

C'est mon devoir de prendre ce risque.

CHARLOTTE.

[*Remontant les couverts des plats sur la table.*] Nourriture!

AGATHE POSKET.

Ah !

> [AGATHA POSKET *et* CHARLOTTE *commencent à dévorer un gâteau au thé avec voracité.*

M. POSKET.

[*Avancer avec un effort de dignité.*] Agathe Posket.

AGATHE POSKET.

[*Elle se lève, la bouche pleine, un morceau de gâteau à la main.*] Monsieur!

> [CHARLOTTE *prend le plateau et tout ce qu'il contient sur la table et se dirige vers la porte.*

M. BULLAMY.

[*Je me dirige vers la porte.*] Il va y avoir une explication.

CHARLOTTE.

[*A la porte.*] Il va y avoir une explication.

> [CHARLOTTE *et* M. BULLAMY *sortent*
> *tranquillement.*

M. POSKET.

Comment osez-vous me regarder en face, madame ?

AGATHE POSKET.

Comment osez-vous regarder quelqu'un dans n'importe quelle position, monsieur ? Vous envoyez votre femme en prison pour avoir bousculé un simple policier.

M. POSKET.

Je ne savais pas ce que je faisais.

AGATHE POSKET.

Pas quand vous avez demandé à deux dames de relever leur voile et de montrer leur visage sur le banc des accusés ? Nous n'aurions pas dû être découverts sans cela.

M. POSKET.

C'était mon devoir.

AGATHE POSKET.

Devoir! Vous ne vous présentez plus seul au tribunal de police ! Je suppose maintenant, Æneas Posket, pourquoi tu t'es accroché à une seule vie si longtemps. *Vous avez aimé!*

M. POSKET.

J'aurais aimé l'avoir.

AGATHE POSKET.

Pourquoi ne vous êtes-vous pas marié avant cinquante ans ?

M. POSKET.

Peut-être que je n'avais pas rencontré de veuve, madame.

AGATHE POSKET.

Une excuse dérisoire. Vous vous délectez d'un célibat dissolu !

M. POSKET.

Hah ! Whist tous les soirs !

AGATHE POSKET.

Vous ne pouvez pas jouer au whist *seul*. Vous êtes aussi un expert en matière de dissimulation !

M. POSKET.

Si je l'étais, je devrais tabasser votre garçon !

AGATHE POSKET.

Hier soir, lorsque vous avez voulu vous cacher, vous avez choisi une table avec une dame dessous.

M. POSKET.

Ah, c'est toi qui m'as pincé, ou Charlotte ?

AGATHE POSKET.

Je l'ai fait – Charlotte est une fille célibataire.

M. POSKET.

J'imagine, madame, que vous avez trouvé ma conduite sous cette table parfaitement respectueuse ?

AGATHE POSKET.

Je ne sais pas, j'étais trop agité pour le remarquer.

M. POSKET.

Évasion, tu es comme toutes les femmes.

AGATHE POSKET.

Débauché! Tu ne devrais pas le savoir !

M. POSKET.

Aucune de mes femmes ne soupe, à mon insu, avec des militaires dissolus ; nous aurons une séparation judiciaire, Mme Posket.

AGATHE POSKET.

Certainement – je suppose que vous y parviendrez également dans votre tribunal de police ?

M. POSKET.

Je vais faire venir mon notaire immédiatement.

AGATHE POSKET.

Énée ! M. Posket! Quoi qu'il arrive, vous n'aurez pas la garde de mon garçon.

M. POSKET.

Ton garçon! *Je* m'en occupe *?* Agatha Posket, il a été mon mauvais génie ! Il a fait de moi un joueur à un jeu atroce appelé « Feux d'artifice » – il a torturé mon esprit avec des spéculations abstruses sur le « Sillikin » et le « Butterscotch » pour le Saint-Léger — il m'a fait me recroqueviller devant les domestiques et m'a fait fuir. devant la police.

AGATHE POSKET.

Il! Mon Cis ?

CIS *entre après avoir changé de vêtements.*

CIS.

[*D'un ton léger.*] Bonjour, mater, tu es revenu ?

AGATHE POSKET.

Espèce de méchant garçon ! Vous osez avoir des appartements à l'Hôtel des Princes !

M. POSKET.

Oui, et c'était pour mettre un terme à ce qui m'a poussé à aller à Meek Street hier soir.

CIS.

Ne sois pas en colère, mater ! Je vous ai sorti de vos difficultés.

M. POSKET.

Mais tu m'as mis dans le mien !

CIS.

Eh bien, je sais que je l'ai fait – on ne peut pas toujours faire la bonne chose ! Ce n'est pas la faute de Guv , là !

M. POSKET.

Jure le!

AGATHE POSKET.

Non, il ne connaît pas la nature d'un serment ! Je le crois ! Énée , je le vois maintenant, tout cela est le résultat d'un manque de franchise de ma part. Dites-moi, avez-vous déjà observé particulièrement cet enfant ?

M. POSKET.

Oh!

AGATHE POSKET.

Cela vous a déjà frappé qu'il soit un peu en avant ?

M. POSKET.

Parfois.

AGATHE POSKET.

Vous avez tort; il est terriblement arriéré. [*Prenant la main* DE M. POSKET .] Énée ; les hommes pensent toujours qu'ils épousent des anges, et les femmes seraient des anges si elles n'avaient jamais eu à vieillir. Cela déforme leurs dispositions. Je t'ai trompé, Énée .

M. POSKET.

Ah ! Lucyn !

AGATHE POSKET.

Non, non, tu ne comprends pas ! Lukyn était le parrain de mon garçon en 1866.

M. POSKET.

1866 ?

CIS.

1886 ?

CIS ET M. POSKET.

[*Ensemble, comptant rapidement sur leurs doigts.*] 1886.

Chut ! Ne comptez pas ! Cis, va-t'en ! [*À* M. POSKET.] Lorsque vous m'avez proposé au « Panthéon » de Spa, vous avez particulièrement remarqué : « Madame. Farringdon, je t'aime pour toi *seul.*

M. POSKET.

Je sais que je l'ai fait.

AGATHE POSKET.

C'étaient des paroles terribles à adresser à une veuve qui avait un fils de dix-neuf ans. [CIS *et* M. POSKET *comptent à nouveau rapidement sur leurs doigts.*] Ne compte pas, Énée , ne compte pas ! Ces mots m'ont tenté. J'ai regardé mon visage dans un miroir voisin et j'ai dit : « Énée a cinquante ans. Pourquoi devrais-je, une simple femme, rivaliser avec lui sur la question de l'âge ? Il a déjà l'avantage… Je serai généreux… J'y ajouterai ! Je vous ai fait croire que j'étais marié il y a seulement quinze ans, je vous ai trompé, vous et mon garçon, sur son âge réel, et je vous ai dit que j'avais trente et un ans.

M. POSKET.

Ce n'était pas la vérité ?

AGATHE POSKET.

Ah ! Il me manquait simplement le défaut le plus courant des femmes : l'exagération.

M. POSKET.

Mais ... Loukyn ?

AGATHE POSKET.

Connaît les faits réels. Je suis allé le voir hier soir pour le prier de ne pas déranger un arrangement qui avait fait le bonheur de tous. Regarder. À la place d'un enfant capricieux et gênant, je vous présente maintenant un jeune assez vieux pour être une joie, un réconfort et un soutien !

CIS.

Oh, dis-je, mater, c'est une vente épouvantable pour un gars.

AGATHE POSKET.

Allez dans votre chambre, monsieur.

CIS.

J'ai toujours pensé que quelque chose n'allait pas chez moi. Bienheureux si je ne suis pas en retard sur l'âge !

[CIS *sort.*

AGATHE POSKET.

Pardonne-moi, Énée . Regardez mon bonnet ! Une nuit dans Mulberry Street, sans même une bouffée de poudre, est une affreuse expiation.

M. POSKET.

Agathe! Comment puis-je savoir si Cis n'aura pas vingt-cinq heures demain ?

AGATHE POSKET.

Non, non, tu connais le pire, et tant que je vivrai, je ne te tromperai plus, sauf dans les petites choses.

LUKYN *et* VALE *entrent.*

LOUKYNE .

[*Bouillant de rage.*] Par George, Posket !

M. POSKET.

Mon cher Loukyn !

LOUKYNE .

Savez-vous que je suis un foutu prisonnier, monsieur ?

M. POSKET.

Un accident!

LOUKYNE .

Et savez-vous ce qui m'est arrivé en prison, un soldat, monsieur, un officier ?

M. POSKET.

Non!

LOUKYNE .

J'ai été lavé par les autorités.

M. POSKET.

Loukyn , non !

CHARLOTTE *est entrée et elle se précipite vers* VALE.

CHARLOTTE.

Horace ! Horace ! Pas vous aussi?

VALLÉE.

Par Jupiter, Charlotte, je serais mort la première.

M. BULLAMY *entre rapidement.*

M. BULLAMY .

M. Posket, je vais m'étouffer, monsieur ! L'inspecteur Messiter est en bas et dit qu'Isidore, le serveur, jure que vous êtes l'homme qui s'est échappé de Meek Street la nuit dernière.

LOUKYNE .

Quoi?

M. BULLAMY .

C'est un scandale public, monsieur !

LOUKYNE .

Votre partie est terminée, monsieur !

M. BULLAMY .

Vous avez souillé un tribunal de police impeccable !

LOUKYNE .

Et m'a fait la leçon sur la bienséance et le décorum.

M. POSKET.

Messieurs, messieurs, quand vous aurez entendu mon histoire , vous me plaindrez.

LUKYN ET M. BULLAMY .

[*Riant ironiquement.*] Ha! Ha!

M. POSKET.

Vous trouverez votre vieil ami un homme, un martyr et un magistrat !

CIS.

Allez, Béatie ! Maître – mater ! voici des nouvelles ! Beatie et moi avons décidé de nous marier.

AGATHE POSKET.

Oh!

POPHAM *entre avec du champagne et des verres.*

M. POSKET.

Qu'est-ce que c'est ça?

CIS.

Bellinger—'74—extra sec—pour boire notre santé et notre bonheur.

CHARLOTTE.

Champagne! Cela pourrait me sauver la vie !

AGATHE POSKET.

Mlle Tomlinson, rentrez chez vous !

M. POSKET.

Arrêt! Cis Farringdon, mon cher garçon, vous n'avez que dix-neuf ans à présent, mais vous n'en aviez que quatorze hier, vous êtes donc un garçon en pleine croissance ; le jour où tu te marieras et que tu partiras pour le Canada, je te donnerai mille livres !

POPHAM.

[*Mettant son tablier devant ses yeux.*] Oh!

CIS.

[*Embrassant* BEATIE.] Hourra ! Nous nous marierons directement.

AGATHE POSKET.

C'est un bébé ! Je l'interdis !

M. POSKET.

Je suis son tuteur légal. Messieurs, soyez-en témoins ! Je consens solennellement au mariage de ce petit misérable !

[AGATHA POSKET *s'affale sur une chaise.*

LA FIN.